やまがた出羽百観音 札所めぐり

最上・庄内・置賜の三十三観音巡礼ガイド

山形札所めぐり編集室 著

Mates-Publishing

やまがた出羽百観音 札所めぐり
最上 庄内 置賜の三十三観音巡礼ガイド

最上三十三観音

庄内三十三観音

置賜三十三観音

山形自慢

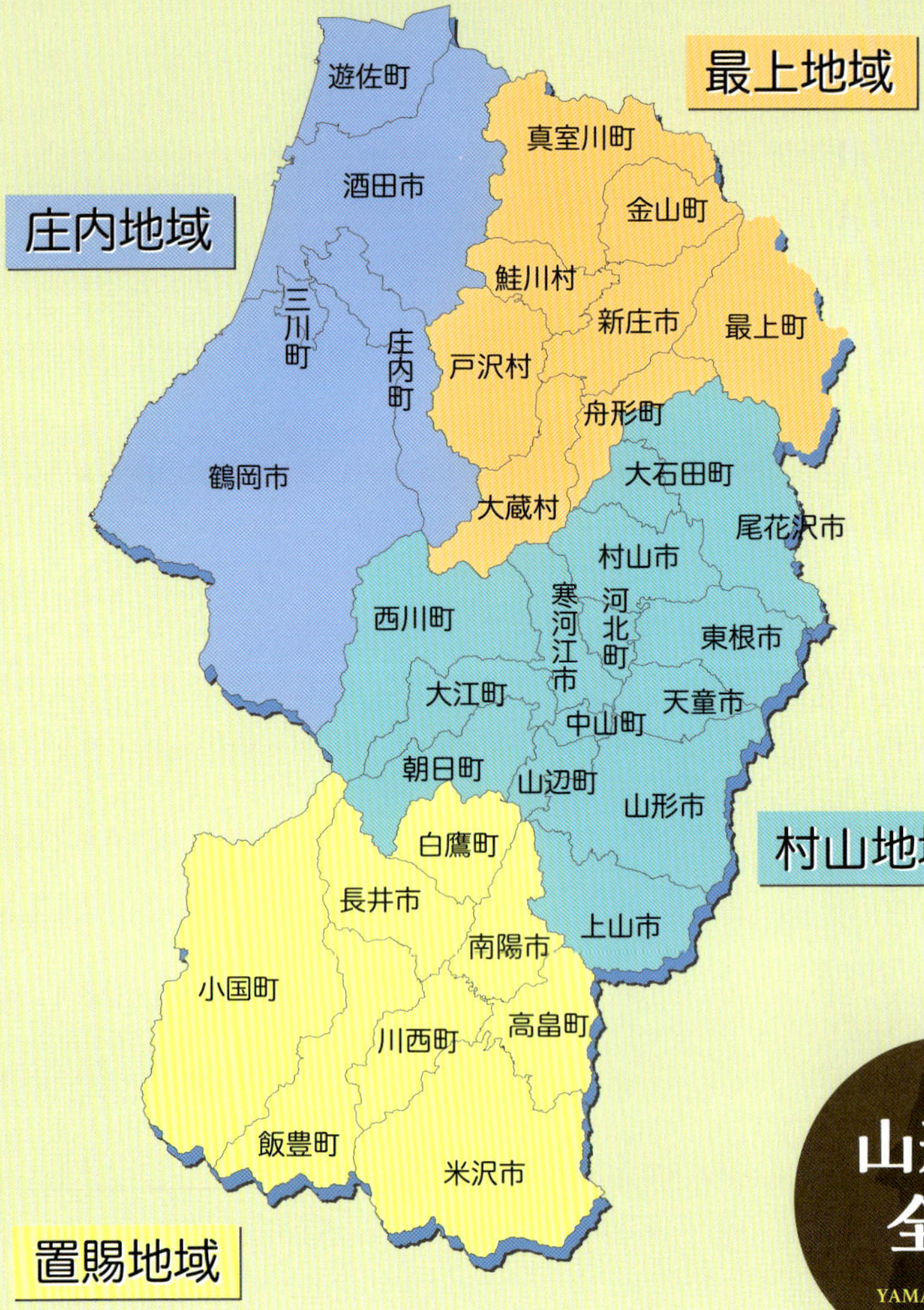

山形県全図

YAMAGATA MAP

山形県は、東北地方の日本海側に位置し、東京から北に約300㎞。県庁所在地の山形駅までは、山形新幹線で約3時間。高速道路を利用すれば約5時間の距離にある。

日本百名山に数えられる蔵王・月山・鳥海・吾妻・飯豊・朝日といった秀麗な山々に囲まれ、南からは米沢・山形・新庄の各盆地が連なる。また、庄内平野には、日本三大急流の一つ最上川が流れる美しい自然に恵まれた土地だ。

県土は、南から、置賜《おきたま》・村山《むらやま》・最上《もがみ》・庄内《しょうない》の4つの地域に大きく区分され、やまがた出羽百観音のうち、置賜三十三観音は、置賜エリア、最上三十三観音は、村山・最上エリア、庄内三十三観音は、庄内エリアに各札所が点在する。

山・海・川・盆地・平野と揃った地勢や、幕藩体制の名残りから、風習・方言・食べ物などの文化も、各エリア毎に少しずつ異なるのも山形県の魅力だ。

本書のご利用について

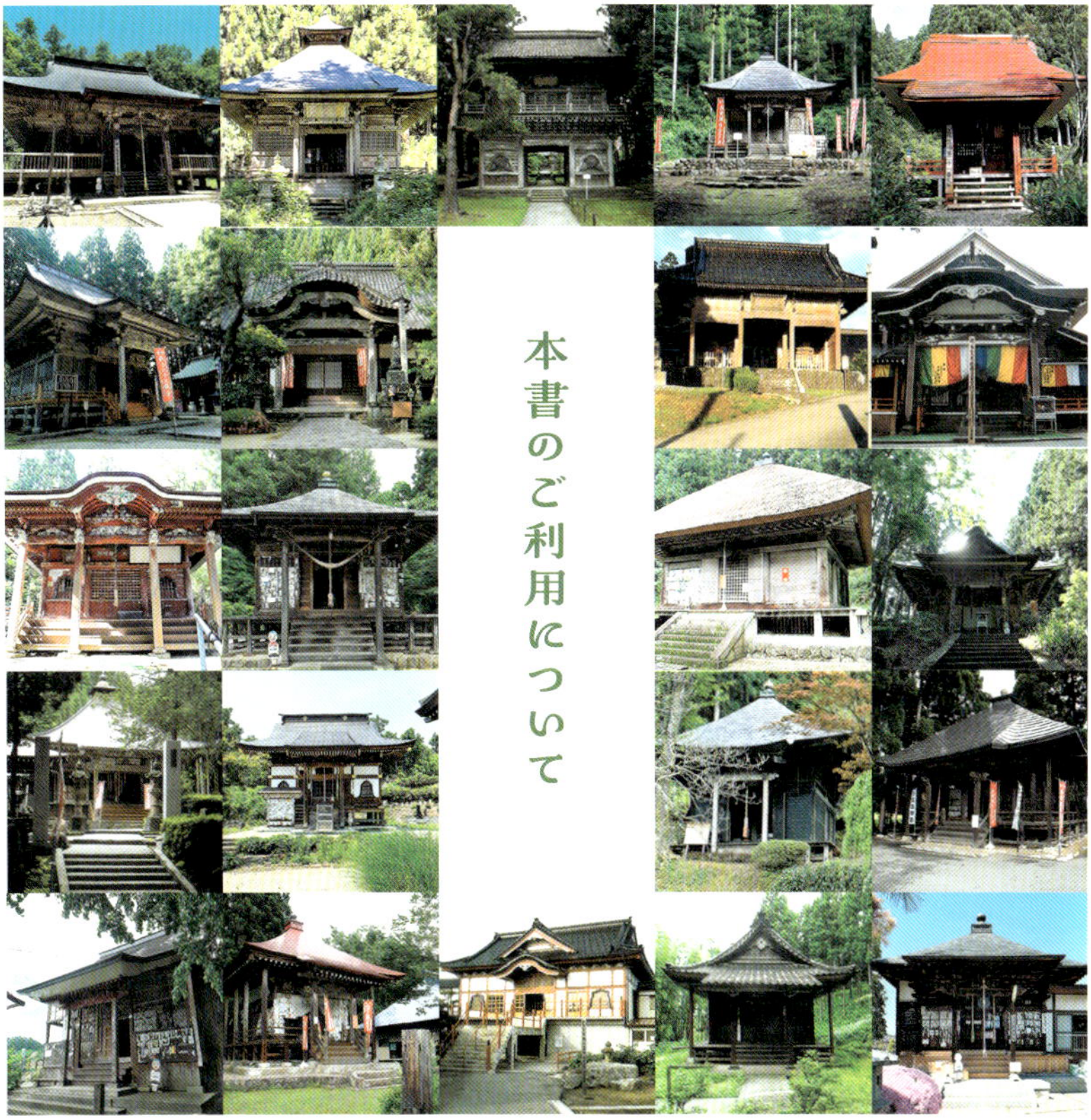

● 本書に掲載しているデータは2024年10月現在のものです。そのため、やまがた出羽百観音の各札所、名所・観光スポットなどの情報は、変更される場合があります。お出かけの前に、それぞれのホームページなどをご確認ください。

● やまがた出羽百観音の各札所の参拝・参詣可能時間につきましては、各札所あるいはそれぞれの三十三観音の事務局にお問い合わせください。

※最上三十三観音札所：第23番 六沢観音 光沢山 円照寺	電話：0237-28-2319
※庄内三十三観音札所：第2番 羽黒山 金剛樹院	電話：0235-62-2564
※置賜三十三観音札所：第21番 小野川観音 小町山 宝珠寺	電話：0238-32-2929

● やまがた出羽百観音の各札所の紹介記事は、それぞれの札所に伝わる謂れ・定説の他、伝説・仮説などを加味しながら執筆しています。その点をご理解の上、札所巡りの旅をお楽しみ下さい。

Q 観音様はどのような仏さま？

A 山形県に古くから根付く観音信仰に由来する最上・庄内・置賜の各三十三観音の総称が「やまがた出羽百観音」である。では、お参りの対象となる観音様について紹介しよう。

観音様は、仏教における菩薩の一尊で、観世音菩薩・観自在菩薩・救世菩薩など多数の呼び方がある。

この仏様は、救いを求める人々を観察して自在に救う菩薩とされる。すなわち、助けを求める人をよく見て、助けたい人が望む姿となって現れるのだ。

お祀りされている観音様で一番多いのは聖観音だ。他にも十一面観音・千手観音などの多くの顔や手を持つ観音様がお祀りされており、いずれも救いの姿を表現しているとされる。

観音様の由来・安置する観音堂の縁起は、その土地や地域と密接な関係にある。「やまがた出羽百観音」を含め、札所それぞれに歴史や物語があるので、参詣する際は、その祈りを受けとめつつ、自分の願いを観音様に真摯に祈ることから巡礼の旅が始まるのである。

Q

三十三観音とは百観音とはなに？

A

三十三観音信仰・百観音信仰とは、いかなる信仰かを紹介しよう。

観音様は、救いを求める人の願いに寄り添い三十三の姿に変身し、人々を救済するとされる。そのため、三十三か所の観音堂を参詣し、現世と来世の安楽を願う巡礼が三十三観音信仰である。

日本における三十三観音巡礼は、古くから全国で行われた。その代表的なものが、奈良時代に開かれたという西国三十三観音だ。

では、百観音とは何だろう。それは、3つの三十三観音を合わせて巡拝する観音信仰のことだ。

百観音は、西国・坂東・秩父の「日本百観音」、三河・尾張・美濃の「東海百観音」、最上・庄内・置賜の「やまがた出羽百観音」がある。

しかし、一つの県の中で完結するのは、本書で紹介する「やまがた出羽百観音」のみで、最上の庭月観音、庄内の金剛樹院で、百観音巡礼の結願証を受けることができる。

Q 札所のまわり方に決まりはあるの？

A 巡礼で巡る寺院やお堂のことを「札所」という。「札所」を巡るのに厳格なルールはない。最初にお参りするのは何番からでも構わないし、順番通りに巡らなければならないというルールもなく、一度に全てをまわる必要もない。

現在では巡る手段も問われない。徒歩でも自動車でも自転車でも大丈夫。仕事や体調など、自分のペースに合わせて巡ればよい。

ちなみに「やまがた出羽百観音」の3つの三十三観音のうち、最上は村山地域と最上地域、庄内は庄内地域、置賜は置賜地域に札所が点在する。同じ県内とはいえ、一つの三十三観音を巡るためには、自動車でも3日は欲しいところだ。

三十三観音巡礼は、観音様との縁を結ぶことはもちろん、その土地で出会った風景・文化・食・人との触れ合い、自らを見つめ直す機会でもある。

そうした要素を満たしてくれる山形県の「出羽百観音」。さぁ、素晴らしい巡礼の旅に出かけよう。

巡礼に必要な持ち物・服装

観音巡礼には伝統的な服装や持ち物があり、それぞれに意味があるという。

巡礼における伝統的な「服装」は、**白装束**だが、**私服**あるいは**私服に白衣を羽織ったもの**でOK。クルマで回るにしても、駐車場からかなりの距離を歩く札所も多いので、**歩きやすい恰好**が一番だろう。

必ず必要なのが、「御朱印帳(納経帳)」だ。「御朱印帳」の始まりは、お参りの際に写経を納め、その証しとして帳面に朱印をいただくもの。お参りの証しなので、**観音様に手を合わせてから**御朱印所でいただくようにしよう。

また、「御朱印帳」と並び、**巡礼に欠かせないものとして「納札《おさめふだ》」**がある。巡礼では、札所へお参りすることを打つと称する。これはお参りした時に、名前などを彫った木の板を札所の柱や天井に打ち付けて願を掛けたことによる。この慣習が、江戸時代になると、木の板が刷り物の紙の札に代わり、これを札所に貼るようになった。

現代の巡礼に「納札」は、「御朱印帳」ほどポピュラーではないが、せっかくのお参りなので、「納札」に名前・住所・願い事などを書いてみてはいかがだろう。「納札」は原則、各札所に1枚ずつ納めるが、札所毎に置く場所、貼る場所が異なるので、**指示に従って納めるように**しよう。

札所で、仏さまに手を合わせるときに使う「数珠」、お経を唱える際の「経本」は予め用意しておきたい持ち物だ。「蝋燭《ろうそく》」や「線香」は現地で求めることもできるが、ないところもあるので気になる人はこちらも用意して札所に向かおう。

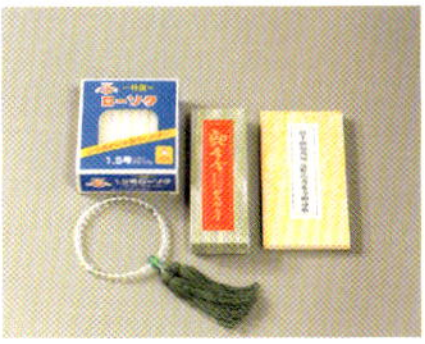

この他、本格的な巡礼を目指す人には、「菅笠」・「金剛杖」「笈摺《おいずり》」などの巡礼用品もある。なかでも**「金剛杖」は、弘法大師の分身**＝同行二人と言われ、歩き遍路では体の負担を軽減してくれるアイテムだが、弘法大師の分身という意味でも、使用後にはきれいに汚れを落とし、**大切に保管する**ことをおすすめする。「笈摺」は、着物の上に羽織る袖のない衣だが、現在は死後の旅路に着けるものとされる。

以上、やまがた出羽百観音を巡るために必要な巡礼用品を記してきたが、**人それぞれの巡礼スタイルに合ったもの**を揃えればよいだろう。

巡礼に際し守るべき作法

やまがた出羽百観音の各三十三観音札所会で示しているお参りの作法を簡単に紹介しよう。

先ず、各札所寺院の入り口で合掌の上、一礼する。山門がある場合は、山門をくぐる前に合掌・一礼を行う。

境内に入り手水舎・水屋がある場合は、手を洗い・口を清める。ここは、参拝・参詣前に、心身の穢れを流し、清める場所だ。清め方の手順は、右手で柄杓《ひしゃく》に水を汲む→左手を洗う→柄杓を持ち替えて右手を洗う→左手に水を受けて、口をすすぐ→口につけた左手を再度洗う→柄杓を立てて柄を洗うという順番で行おう。

次に、お堂の前などに線香台・灯明台があれば、線香や灯明《ろうそく》を灯す。ただし、常時人の目が届かないような札所では失火などを防ぐため、灯明や線香が禁止のところもあるので、必ず指示に従うように。そのような意味で、灯明は消してから札所を後にしよう。

お堂の前では、お賽銭をいれ、鰐口《わにぐち》を鳴らす。この時、お賽銭を勢いよく賽銭箱に投げ入れる人を見かけるが、これはマナー違反。心を込めて、静かにお賽銭を入れること。

そしていよいよ参拝・参詣に移る。最上・庄内は堂内でのお参りになるが、置賜は堂外からとなる。堂内でのお参りの折、観音堂内に、線香台や灯明台があるところは、線香や灯明を灯したあと、衣服と呼吸を整えて、心を落ち着かせてから手を合わせて合掌しよう。

そしてお経を唱え、それぞれの観音様を讃える御詠歌・御真言（本尊名号）を唱える。御詠歌などは、お堂に掛けてあることも多いので参照にするとよいだろう。

お参りが済んだら、各札所の指示に従い、納札を観音堂の定められた場所に納める。その後に、御朱印所（納経所）で御朱印をいただくが、観音堂と御朱印所が離れているところや、お参りした人が自分で御朱印を押すところなど様々なので、受付時間などを各札所会の公式サイトで、事前に調べておくことをおすすめする。

境内での全てのお参りが終了したら、山門・入口で振り返り合掌し、必ず一礼して札所を後にしよう。

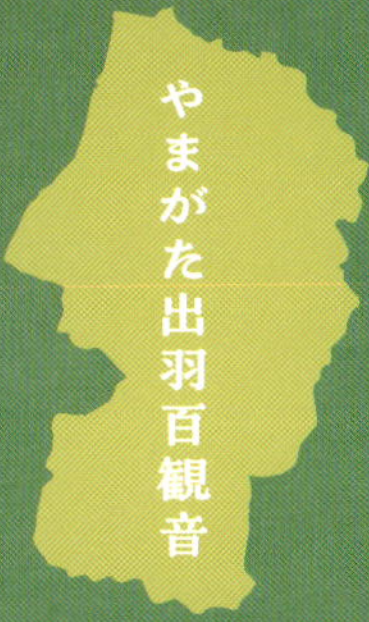

最上三十三観音

MOGAMI

地域に生きる人々の暮らしを見守り、
心を癒して来た観音霊場。
古の趣を感じられる街並みや素朴な集落の中に点在する
34か所の札所を巡る。

最上三十三観音とは

最上地域は、山形県北東の内陸部に位置し、東は奥羽山脈を境に宮城県と、西は出羽山地を境に庄内地域と、南は村山葉山・実栗屋峡を境に村山地域と、北は加無山を境に秋田県と接している。

最上は、かつては、現在の村山地域と最上地域を合わせた広いエリアをそう呼んでいたそうだ。

最上三十三観音は、1番の若松から番外の世照までの34の札所からなる。その始まりは、室町時代まで遡ることができるという。

同霊場の由来として、山形城主最上家の4代当主・最上満家の長男・頼宗の一人娘・光姫が、その美しさゆえに自身をめぐる争いで命を絶たれた武将を憂いて出家し、老人に姿を変えた観音様の導きにより、三十三の霊場を巡ったという伝説が今も語られている。

最上三十三観音はその成り立ちから、古く歴史ある街並みや集落の中に観音堂が点在し、その佇まいにも個性と趣が強く感じられる。また、堂内に入って座ってお参りができるお堂が多く、村山地域に見られるムカサリ絵馬などの多様な絵馬が奉納されているのも特徴だ。

南は上山市から、北は秋田県境に近い鮭川村まで、最上川沿いに点在する観音堂の佇まいは、周囲に広がる懐かしく美しい景観とともに、この地域に生きる人々の暮らしを見守り、その心を癒して来たに違いない。

【モデルコース】車で移動する場合の2泊3日コース

1日目

1 若松 ◀◀◀ 2 山寺 ◀◀◀ 3 千手堂 ◀◀◀ 4 圓應寺 ◀◀◀ 5 唐松 ◀◀◀ 6 平清水 ◀◀◀ 7 岩波 ◀◀◀ 8 六椹 ◀◀◀ 9 松尾山 ◀◀◀ 10 上ノ山

11 高松 ◀◀◀ 12 長谷堂 ◀◀◀ 13 三河村 ◀◀◀ 14 岡村 ◀◀◀ 15 落裳 ◀◀◀ 16 長岡 ◀◀◀ 17 長登 ◀◀◀ 18 岩木 ◀◀◀ 宿泊 上山・寒河江・東根・天童温泉

2日目

19 黒鳥 ◀◀◀ 20 小松沢 ◀◀◀ 21 五十沢 ◀◀◀ 28 塩ノ沢 ◀◀◀ 26 川前 ◀◀◀ 27 深堀 ◀◀◀ 29 大石田 ◀◀◀ 25 尾花沢 ◀◀◀ 24 上ノ畑 ◀◀◀ 23 六沢

22 延沢 ◀◀◀ 30 丹生村 ◀◀◀ 宿泊 銀山温泉・赤倉温泉・瀬見温泉

3日目

31 富沢 ◀◀◀ 番外 世照 ◀◀◀ 32 太郎田 ◀◀◀ 33 庭月（結願）

◆ 志納金について

笈摺（おいずり）	200円（二印） 300円（三印）	朱印帳	300円 （揮毫と三印）
掛軸	500円 （揮毫と三印）	御影（おすがた）	200円（印無し） 300円（朱印一印付き）
朱印一印につき	100円	代筆	朱印帳150円 掛軸250円

最上地域

最上三十三観音全図

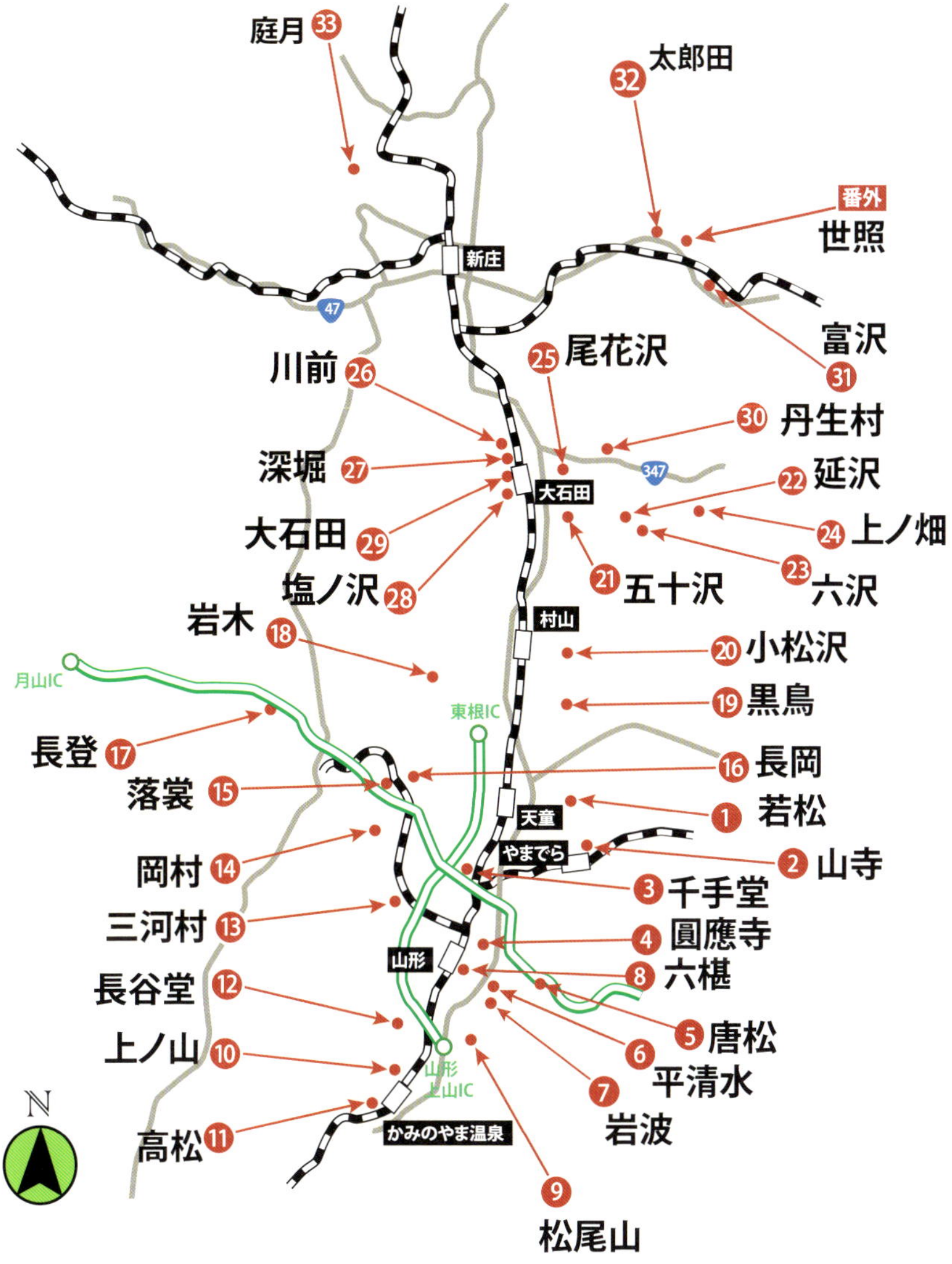

庭月 33
太郎田
32
番外
世照
新庄
47
富沢
31
川前 26
25 尾花沢
30 丹生村
深堀 27
347
22 延沢
大石田
大石田 29
24 上ノ畑
塩ノ沢 28
21 五十沢
23 六沢
村山
岩木 18
20 小松沢
月山IC
19 黒鳥
東根IC
長登 17
16 長岡
落裳 15
1 若松
天童
岡村 14
やまでら
2 山寺
3 千手堂
三河村 13
4 圓應寺
山形
8 六椹
長谷堂 12
5 唐松
上ノ山 10
6 平清水
山形上山IC
7 岩波
高松 11
かみのやま温泉
9
松尾山
N

最上
三十三観音
MOGAMI

第1番札所

御本尊
聖観世音菩薩

若松 鈴立山 若松寺

行基菩薩自ら一刀三礼の則で刻んだ等身大の聖観世音を本尊とする

鈴立山 若松寺の由来は、今を去る事1300年前、和銅元（708）年に元明天皇の勅命によって東国巡錫の途にあった行基菩薩が、鈴の音に導かれ登山し、山上に光り輝く三十三観音像を感得したことから開山したという。

御本尊は行基菩薩が自ら刻んだ等身大の聖観世音。しかし、行基菩薩が他見を禁じられたため永久の秘仏となっている。

開山後150年、平安時代には、弘法大師空海や慈覚大師円仁の登山により、同山は一大仏教霊地に発展した。また、鎌倉期には、当時山形の政治・文化の中心を担った藤原真綱一族が熱心な信者となり、弘長3（1263）年に二世安楽を願って、今日最高傑作とされる金銅聖観音像懸仏を奉納した。さらに、江戸初期には山形の大名・最上義光が寺領230石を寄進し、徳川3代将

軍家光がそれを安堵した。

本堂は東北では数少ない
五間五面単層入母屋造の御堂

観音堂は、1963（昭和38）年に重要文化財に指定。お堂は、ブナ材を主とした五間五面単層入母屋造の御堂で、東北地方の数少ない密教本堂の遺跡例とされる。堂内の内陣には、金銅聖観音像懸仏と板絵著色神馬図の重要文化財2点を安置する。

若松寺の境内には、室町期の香り漂う重厚な観音堂を中心に、祈願所・元三大師堂・地蔵堂・鐘楼堂などの堂宇が点在する。

同寺は、どの季節に参詣に訪れても、神秘的な雰囲気包まれている。まさに、1300年来の祈願・回向の総道場の威厳に満ち、最上三十三観音霊場の一番札所にふさわしい霊場である。

行基は、朝廷の禁を破り民衆に仏教の教えを説き、困窮者のために様々な慈善事業を行った名僧。その御作とされる御本尊・三十三観音像の御利益は、良縁成就・心願成就で大いに崇敬を集める。

◆御朱印

◆御詠歌

かかるよに
うまれあふみ
わかまつや
おいにもたのめ
とこゑひとこゑ

住所・山形県天童市山元2205-1　電話・023-653-4138　アクセス・JR天童駅よりタクシー15分　駐車場・あり

最上
三十三観音
MOGAMI

第2番札所

御本尊　千手観世音菩薩

山寺　宝珠山　千手院

慈覚大師が観音像を彫って安置
御利益は恋愛・金運大吉など

宝珠山　千手院は、縁起によれば、天長7（830）年に、慈覚大師円仁が東北を巡って山寺まで来た時、その荘厳で雄大な景観に心を惹かれ、この地に天台宗東北の霊場づくりを決意した。その折、仮宿として定めた垂水岩に、山寺誕生の意味で円仁の生誕に関わる観音像を彫って安置。垂水岩は、千手院の裏山の山腹にあり、大師はその岩の東隅に大日如来、その峯の西の裏に本院域を創り、薬師如来・阿弥陀如来を安置。現奥の院に本地如来を謹請し、山寺立石寺の草創期をなした。

その後、弟子の安彗が、現宝珠山を整備し、七堂伽藍を運営。嘉祥2（849）年には、円仁が再度山寺を訪れて山寺立石寺を整備した。慈覚大師は、庶民の幸福を考え、数多くの事業を進めた名僧。清和天皇は、方三百八十町の領地と立石寺倉印を賜った。

◆御詠歌

みほとけの
ちかひはおもき
りうしやくじ
ねがふこころは
かろくありとも

◆御朱印

住所・山形県山形市山寺4753　電話・023-695-2845　アクセス・JR山寺駅より徒歩15分　駐車場・なし

最上 三十三観音
MOGAMI

第3番札所

御本尊
千手観世音菩薩

千手堂 守国山 吉祥院

御本尊は175㎝の千手観世音観音様は重要文化財に指定される

脇立は毘沙門天・吉祥天・子安観音・勢至菩薩。今から1250年ほど前、聖武天皇の天平年間(729~749年)、出羽の国に悪病が流行し、人々が大変苦しむという事態が生じたという。

これに対し朝廷は、行基菩薩に悪疫退散の祈願をさせるため、東北地方へ向かうことを命じた。行基はこの地に着くや、まず三体の仏像を刻み、日夜一心に病気平癒を祈願した。

この結果、悪疫は忽ち退散し、人々は安心して生活できるようになった。これ以降、朝廷からの崇敬を得て鎮護国家の道場として、また病魔降伏・諸願成就の祈願所として、地元の人々からも篤い信仰を集めた。

御本尊の千手観世音は像高約175㎝、一木造りの立像で平安時代初期の作とみられ、円満端麗な姿を今に伝えている。

◆御朱印

◆御詠歌

はなをみて
いまやたをらん
せんじゅとう
にはのちぐさも
さかりなるらん

住所・山形県山形市千手堂509　電話・023-684-8026　アクセス・JR南出羽駅より徒歩10分　駐車場・あり

最上
三十三観音
MOGAMI

第4番札所

圓應寺 大慈山 圓應寺

御本尊
聖観世音菩薩

山形城の守護仏として観音を奉安
御本尊は33年毎に直接参拝できる

圓應寺は、山形市の中心より少し北側の宮町にある。同寺は、室町時代の延文元（１３５６）年に山形城主・斯波兼頼が、城の北東方に位置した現在地に、その守護仏として観音を奉安したことに始まる。

この御本尊は、兼頼が着用していた兜の前立てとしてつけていた弘法大師作と伝えられる観音像という。山形城主は代々この観音様を崇拝してきたため、寺は隆盛を極めた。しかし、江戸時代前期に火災にあい、建物も宝物も焼失したが、尊像だけは幸いに消失を免れた。また、最上家の改易とともに、広大な寺領は狭小化し、境内は荒廃した状態が続いたという。

しかし、江戸・貞享３（１６８６）年になり、真言宗の存了律師が再興を計画して観音堂を改修。さらに元禄年間（１６８８～１７０４年）には、光有律師が三間四面の観

音堂を再建するとともに、宝篋印塔・千体地蔵堂・弁財天堂などを整備した。

享保５（１７２０）年には、比丘光嚴和尚を中心に、釘一本使用しない木彫の一丈二尺におよぶ大観音坐像を創作。これを機に従来の御本尊はその胎内に秘仏として奉安されるようになった。以後、33年毎に御本尊を直接参拝できる御開帳記念行事が行われてきた。

御利益は良縁成就・子宝安産など 次回の御開帳は２０３９年に実施

こうして法灯は再び輝きを取り戻したものの、寺領の田畑の多くを失っていたため、その維持は困難だった。しかし、大正初期になり武田神静師が復興に尽力し、今日の礎をつくり、その意志は宥芳和尚が引き継ぎ、勝芳和尚が新観音堂を建立。現住職の啓芳和尚の代になり、新本堂が建設された。

同寺は、家内安全・招福除災の他、特に圓應寺観音は胎内秘仏本尊ということから良縁成就・子宝安産などの参詣者の願いをかなえ、永く人々の信仰を集めてきた。秘仏とされる御本尊の御開帳は、次回は２０３９年に行なわれる。

◆御朱印

◆御詠歌

おしなべて
ほとけにむすぶ
ゑんのうじ
たかきいやしき
たのまぬはなし

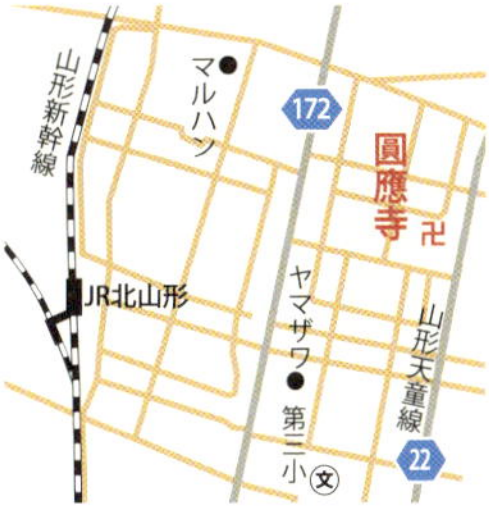

住所・山形県山形市宮町4-16-33　電話・023-622-3937　アクセス・JR北山形駅より徒歩15分　駐車場・あり

最上
三十三観音
MOGAMI

第5番札所

唐松 唐松山 護国寺

御本尊
聖観世音菩薩

御堂は県内唯一の懸崖造りの建物 京都の豊丸姫の念持仏を岩窟に祀る

正歴元（９９０）年、平清水の土豪・森山氏の妻が、戦死した夫の冥福を祈るため、唐松山の霊窟に観音像を祀り河岸に草庵「江滸尼公庵」を結んだ。これが、護国寺のはじまりとされる。

また、馬見ケ崎川上流に藤原藤太という人物が住していたが、京都一条殿の豊丸姫という美女が、清水観音のお告げによってその妻となった。豊丸姫の念持仏の弘法大師作一寸八分金無垢の聖観音像を、藤太が永久（１１１３）元年に唐松山の霊窟に祀り、その前に堂宇を建て拝殿としたのが、唐松のはじまりと伝える。

寛文元（１６６１）年、山形城主・松平忠弘が深く唐松に帰依し、居城鬼門の守護仏として、観音堂創建にあたった。そして、京都清水の観音の舞台を模して、総檜材懸崖造りの荘厳な大悲閣を建立した。

◆御朱印

◆御詠歌

みなかみは
いづくなるらん
からまつの
かぜにおとある
やまかはのみづ

住所 • 山形県山形市釈迦堂7　電話 • 023-629-2405　アクセス • JR山形駅よりバス唐松観音下車徒歩10分　駐車場 • あり

最上 三十三観音 MOGAMI

第6番札所

平清水 清水山 耕龍寺

御本尊 十一面観世音菩薩

古来より文人墨客に親しまれた 阿古耶の伝説に彩られた山里

清水山 耕龍寺の始まりは、寺伝には次のように語られる。河内源氏の源頼義が、奥羽の安倍貞任と戦った前九年の役の際、戦勝を京都の清水観音に祈願した。そして、それが成就して凱旋の途中、清水寺の音羽の滝に似た平清水に立ち寄り、清水寺より春日の作と伝える十一面観世音を勧請して安置した。

その後、同地より4㎞ほど下の新山に移遷。その場所は観音山と呼ばれ、最上川東側三十三ヵ村の守護仏として信仰されたという。

耕龍寺はそのころ観音堂の西側にあった。伝説では付近一帯は湖で、そこに住む竜神を白苗和尚が成仏させたことから、湖は耕地に生まれかわり、耕龍寺の名がつけられたという。耕龍寺本堂から観音堂へは200mほど登る。

◆御朱印

◆御詠歌

ひがしやま
ながれはおなじ
ひらしみづ
むすぶこころは
すずしかるらん

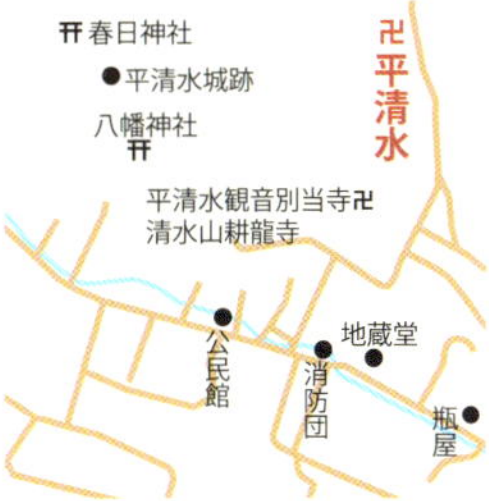

住所・山形県山形市平清水95　電話・023-631-7570　アクセス・JR山形駅よりバス平清水下車徒歩20分　駐車場・あり

最上
三十三観音
MOGAMI

第7番札所

岩波 新福山 石行寺

御本尊
十一面観世音菩薩

行基菩薩の開山で慈覚大師の中興
自然の滝を取り入れた庭園も有名

和銅元（708）年、行基菩薩が仏教の布教のため、この地方を巡っている時、観音の故郷・補陀落山に似ていることから、お堂を建てたという。岩波の地名は、前を流れる瀧山の流れが、岩に当たり白い波を立てているところから、また石行寺の名は、石を踏みながら河原道を行くことが由来という。行基は、また下流から発見した霊木で、十一面観音像を彫刻した。

その後、平安前期に慈覚大師が、橅の木を用いた素朴なお堂を再建し、「御作の御堂」と呼ばれた。長い年月の間、山形城主を始め、多くの信者により幾度かの大修理を繰りかえしてきたが全面的な解体を行い、元の「阿彌陀堂造り」に復元された。

脇士の不動明王と毘沙門天は慈覚大師の作で、一尺余りの地蔵尊も大師の作という。耳の病に御利益があり参拝者が多い。

◆御詠歌

みなひとの
あゆみをはこぶ
いわなみの
ちかいはつきじ
こけのむすまで

◆御朱印

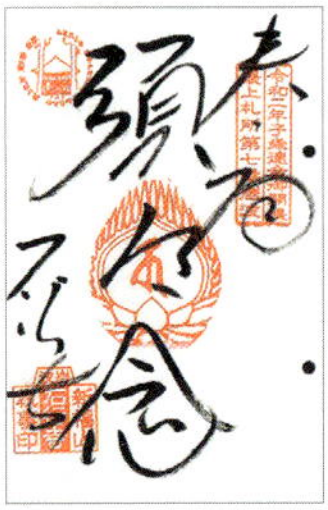

住所・山形県山形市岩波115　**電話**・023-641-6514　**アクセス**・JR山形駅よりバス岩波下車　**駐車場**・あり

最上 三十三観音
MOGAMI
第8番札所

御本尊 聖観世音菩薩

六椹 六椹山 宗福院

参拝者の苦を抜き楽にする本尊 節分には火渡りの行事が行われる

六椹の始まりは平安初期、この地に布教に訪れた慈覚大師が、民衆の眼耳鼻舌身意の六根と、地獄・飢餓・畜生・修羅・人間・天上界の六道の苦しみを救わんとして、椹の木で護摩を焚き祈ったこととされる。

その後も、人々の信仰・代々の領主の崇敬が篤かったが、中でも最上義光の信仰は深く、建物の改修をはじめ48石の領地の寄進を行った。最上家が亡んでからも、徳川幕府から48石の御朱印を与えられている。

明治維新になると、寺領なども全て没収されたが、地元信者の援助により寺の維持を行ってきた。しかし、明治2（1869）年から明治13（1880）年にわたる3度の火災で全てが焼失。

ただ、不思議に観音堂だけは焼け残り、これは観音様の力によるものと、人々の信仰は益々深まっていった。

御朱印

御詠歌

おもくとも
いつつのつみは
よもあらじ
むつのくぬぎに
まゐるみなれば

住所・山形県山形市鉄砲町1-2-20　電話・023-631-0048　アクセス・JR山形駅よりバス末広町下車徒歩3分　駐車場・あり

最上
三十三観音
MOGAMI

第9番札所

松尾山　金峰山　松尾院

御本尊
聖観世音菩薩

観音堂は国の重要文化財に指定
観音・勢至の両像も県有形文化財

和銅元（708）年、行基菩薩が布教の際、この地の大きな松の木の下で眠っている時、無量寿仏・観音・勢至の三仏が柱の木に留まる夢を見た。行基が山深く入ってゆくと、夢でみた通りの老いた桂の大木があり、この木で三仏を彫刻。さらにお堂を建て、その仏像を安置して弥陀山と名づけた。これが、松応寺の起源である。

時代が下り、斯波兼頼が山形城に移ると、国土安穏・武運長久を祈るため、山地120間四方を境内として寄進した。

応永年間（1394〜1428年）、盗賊が入り、3体の仏像が盗み出された。だが、急に豪雨となり、付近一帯が洪水のようになったため、賊たちは仏の罰の恐ろしさに3つの像を打ち捨てて逃走した。1体は行方知れずになったが、観音と勢至の二仏像は里人が保護し、観音堂に祀ったという。

◆御詠歌

このかみは
いくよへぬらん
たよりをば
ちとせをここに
まつのをのやま

◆御朱印

住所 • 山形県山形市蔵王半郷2　電話 • 023-688-3328　アクセス • JR山形駅よりバス松尾山下車徒歩3分　駐車場 • あり

最上
三十三観音
MOGAMI
第10番札所

上ノ山　水岸山　観音寺

御本尊
聖観世音菩薩

本尊は小野篁の護り本尊とされる上山十体観音霊場第一番でもある

水岸山　観音寺は、天仁2（1109）年、道寂和尚が開山し、御本尊は平安初期の貴族・小野篁の護り本尊といわれる。言い伝えによると、同寺の山麓一帯は満々とした湖であり、水の深い所を鏡ヶ淵といい、そこから山号を水岸山と称した。

　篁が賊を討つためこの地方に来たとき、誤って懐中の観音像を淵の中に落としてしまった。必死に探し求めたものの、発見できなかったが、京に戻ってから、土地の漁師が網にかかった仏像を拾った。それが篁の紛失した観音像とわかり、永く水岸山に祀りたいと願ったという。

　文政8（1825）年、大火により観音堂は類焼したが、御本尊は危うく難を免れ、仮の堂に安置された。そして、弘化4（1847）年になり、領主松平家の助力と信者たちからの寄付で再建された。

◆御朱印

◆御詠歌

のをもすぎ
さとをもゆきて
かみのやま
てらへまゐるも
のちのよのため

住所・山形県上山市十日町9-29　電話・023-672-1421　アクセス・JRかみのやま温泉駅より徒歩15分　駐車場・あり

最上
三十三観音
MOGAMI

第11番札所

高松 高松山 光明院

御本尊
聖観世音菩薩

本尊は行基御作の聖観世音像 古くから高い霊験で知られる

高松の由緒は、奈良時代の初め行基がこの里に小さな庵を造り、滞在していた時に御本尊を彫り、人々が礼拝したのが始まりという。この観音の霊験が大変あらたかなことが、聖武天皇の耳に達し御祈願所に指定された。以来、大名から一般の人々に至るまで多くの参詣者を集めた。松平家が上山の藩主となってからは、特に崇敬され鎮城護国の霊場として、30石を寄付した。

しかし、慶応元（1865）年の元旦、山火事によりお堂は焼失。だが、時の別当・光明法印が猛火の下から御本尊を運び出してことなきを得た。観音堂は、すぐに再建に取り掛かったものの計画は頓挫した。

明治5（1872）年になり、光明法印の尽力もあって、観音堂は9月に完成した。現在の観音堂はその時のもので、御前仏像もまた、火災の厄を免れた古い仏像である。

◆御朱印

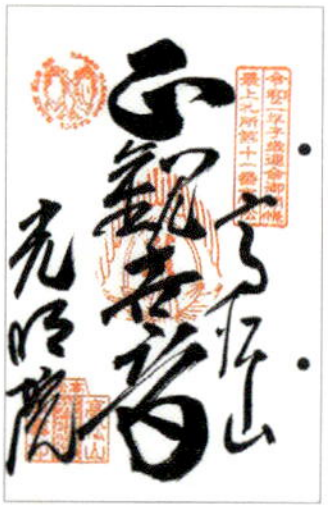

◆御詠歌

たかまつや
やしまのほかの
なみまでも
しづかなるよに
つきはすむなり

住所・山形県上山市高松53　電話・023-672-0440　アクセス・JRかみのやま温泉駅より車で10分　駐車場・あり

最上
三十三観音
MOGAMI

第12番札所

長谷堂 長谷山 長光院

御本尊
十一面観世音菩薩

御本尊は源頼義の守護仏 大和の長谷寺ゆかりの寺院

長谷堂・長谷山の名は、大和の長谷寺から生じたが、これについては以下のように伝えられている。源頼義が前九年の役に際し、大和長谷寺の観世音を守護仏として、自分の兜の中に収めていた。苦戦の末に安部氏を討って都に帰ろうとしたある夜、観音の霊夢を見た。それは「我れを永く此の地に止めて祀らしめよ」というものであった。そこで当地に観音堂を建て、仏像を安置したという。

嘉永元（1848）年、火災のためお堂は焼失したが、尊像だけは住職や信者の手で救い出された。御本尊は一時、米沢に移されたが、仮堂ができ翌年帰山した。時の領主・秋元但馬守は、深くこの観音を信仰し、立派な観音堂を再建し現在に至る。お堂のある頂上からは、東に蔵王山系、北に月山・葉山、西に朝日連峰が眺められる。

◆御朱印

◆御詠歌

いくたびも
まゐるこころは
はせどうの
やまもちかひも
ふかくなりけり

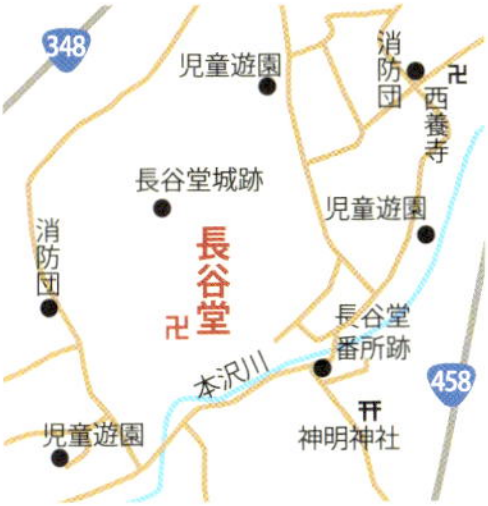

住所・山形県山形市長谷堂23-3 電話・023-688-5901 アクセス・JR山形駅よりバス長谷堂南下車 駐車場・あり

三河村 観音山 常福寺

御本尊
聖観世音菩薩

御本尊は秘仏の聖観世音菩薩
神秘性にあふれた延命観音

御本尊の聖観世音菩薩は、第1番札所である若松と同じ木材を使用して、彫刻したものであると伝わる。そうなると、行基が鈴立山に留まった和同年間（708～715年）の制作と考えられ、約1200年前の仏像が一度も開帳されないまま、秘仏として今日に至り、その神秘感は計り知れないものがある。

境内には観音信仰の御利益を物語る石燈篭がある。その由来は大正時代、山形市小立に荒井作蔵という翁がいたが、病魔に倒れ薬石効なく臨終の時を迎えた。近親者が揃い香を手向けようとした時、翁は起き上がり「観音様が枕辺に立ち逝くでないぞとお告げがあった」と言い、その後不自由のない生活を送ったという。その観音様こそ三河村の御本尊で、後日、石燈篭を奉納した。このことから延命観音と呼ばれる。

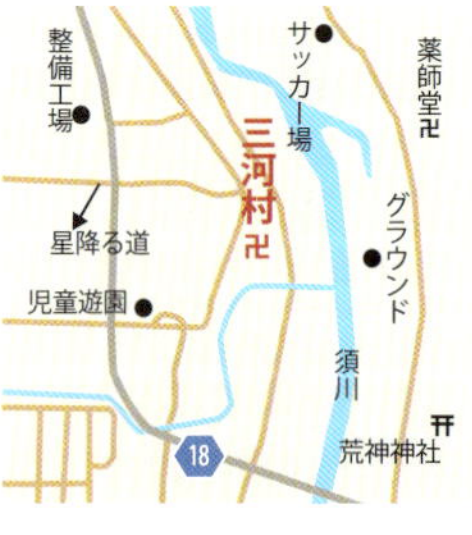

◆御詠歌

いづいるや
つきのゆくゑも
みかはむら
かねのひびきに
あくるしののめ

◆御朱印

住所・山形県東村山郡山辺町三河尻23　電話・023-665-7716　アクセス・JR羽前山辺駅より徒歩15分　駐車場・あり

岡村 金剛山 正法寺

御本尊
千手観世音菩薩

御本尊は大和長谷寺観音と同木白檀の香木に彫刻されている

岡村は伝承によると、奈良時代の養老5（721）年7月に創設された。御本尊は「雨乞い観音」ともいわれ、干ばつの時に雨乞いをすれば、霊験あらたかとされ、農民の信仰が深い。また、行基がこの地方を巡ってきた時、干ばつのため苦しんでいた農民たちのために、観音を作って祈ったところ、にわかに大雨となったという。

御本尊は秘仏だが、約50年ほど前の大干ばつの時、農民の熱望により、時の住職が特別に開帳して祈祷を行った。すると大雨が降り、人々の信仰を一層集めることになった。正法寺は一時期、観音堂から遠ざかった。しかし、宥長法印がお堂を修理して 以来、別当寺院を務めている。観音堂の歴史は大変古いが、正法寺が火災にあって、焼失したため古い記録は残っていない。だが、御本尊だけは焼けずに無事であった。

◆御朱印

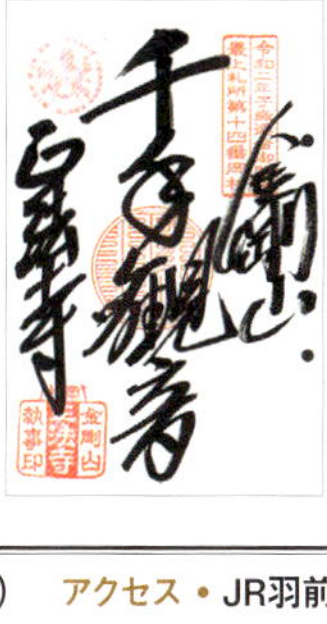

◆御詠歌

けさみれば
つゆおかむらの
にはのこけ
さながらるりの
ひかりなるらん

住所・山形県東村山郡中山町岡69　電話・023-662-2505（石川宅）　アクセス・JR羽前長崎駅より徒歩25分　駐車場・あり

落裳　京集山　観音寺

御本尊
十一面観世音菩薩

小野小町開創の伝承が残る　御本尊は小町の守護仏という

落裳の由来は、小野小町が東北に来て大沼の浮島を見物した際、突然天女が現れ、紫の雲の間から羽衣を落とした。その羽衣の上に十一面観音が立っており、不思議に思った小町がお堂を建てた。そして、自分の守護仏の十一面観音を安置し、天女の落とした羽衣と七宝の念珠を奉納して霊場としたという。

京集山の名は、小町が京都から来て観音堂を開き、参詣者が多く集まったことによる。また、天女が羽衣を落としたという伝説から、地名を落裳と呼ぶようになった。小町が年をとってから法衣をまとって諸国を巡り、その法衣を添えて納めたのが、御本尊であるともいわれる。観音堂は、明治36(1903)年に火災により全焼したが、猛火の中でも御本尊は焼けずに残った。養蚕家からの信仰が篤い観音様である。

◆御朱印

◆御詠歌

ざやくえんも
もらさですくふ
ぐわんなれば
じゆんれいだうは
たのもしきかな

住所・山形県寒河江市柴橋2494-1　電話・0237-86-4308　アクセス・JR寒河江駅よりバス落裳下車徒歩2分　駐車場・あり

最上
三十三観音
MOGAMI

第16番札所

長岡 長岡山 長念寺

御本尊
十一面観世音菩薩

開山は清和天皇の貞観年間 観音堂は最上義光の再建という

長岡の歴史は、清和天皇の貞観年間（859～877年）、真済僧正が長岡山に観音を安置して、総持寺を開山したことに遡る。鎌倉前期に大江親広が、寒河江地方を治めた時、守護仏として観音堂を建てた。しかし、18代の高基の時、最上義光に攻められ、高基は自害。この時、観音堂は焼け落ち尊像だけが残ったという。

この後、信仰心の篤い義光は、観音堂を兵火の犠牲にしたことを遺憾に思い、すぐに再建し、大江家同様の寄進も続けた。最上家滅亡後も、同寺は徳川幕府から73石を賜っていた。しかし、明治維新の時、真済僧正以来の総持寺が断絶してしまったため、現在の別当・長念寺に総持寺のものを譲り、長岡山にあった観音堂をここに移した。長念寺の歴史は、古い記録が伝わっていないので詳らかでない。

◆御朱印

◆御詠歌

ちちははの
めぐみもふかき
ながおかの
ほとけのちかひ
たのもしきかな

住所 • 山形県寒河江市丸内2-4-19　電話 • 0237-86-0016　アクセス • JR寒河江駅より徒歩15分　駐車場 • あり

最上
三十三観音
MOGAMI

第17番札所

長登 寒江山 長登寺

御本尊
十一面観世音菩薩

御本尊は行基作の十一面観世音
長登の名は百段の急な石段による

寒江山　長登寺の始まりは、聖武天皇の勅宣により行基が紀州那智の浦に流れ着いた木で、六尺三寸の白檀の十一面観音を彫り、この地に安置したことによるという。また、国司の藤原重経が、天平3（731）年に伽藍を建立した。観音堂を建立の際、多聞・吉祥両天を脇士とした。札所の手前にある臥龍橋は、出羽三山の神域であるため、登山者はここで心身を浄め、わらじを履き替えて参拝したといわれる。

明治31（1898）年、同寺は火災にあい、焼けただれた御尊像は桐の箱に納められ、それ以来秘仏として厳封された。それでもなお観世音の霊徳を敬仰し巡礼参拝する信者が絶えないので、明治38（1905）年、山麓に仮堂を造り、御尊像を遷座した。さらに村人の熱心な信仰心により、大正末に現在の長登山の中腹に再建された。

◆御詠歌

やまをわけ
きしをつたひて
ながのぼり
はなのうてなに
いたるなるらん

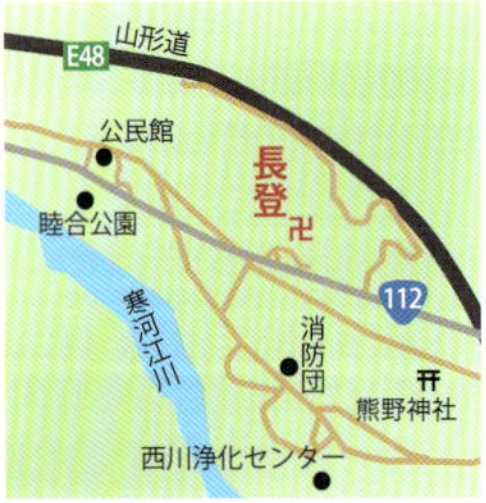

◆御朱印

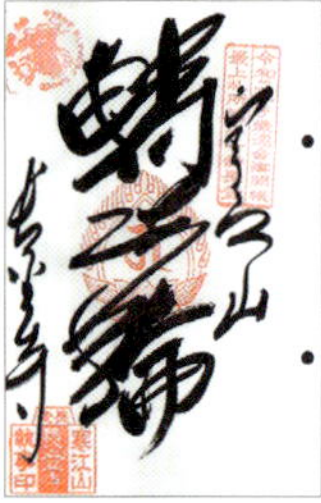

住所・山形県西村山郡西川町睦合乙142　電話・0237-74-3853　アクセス・JR寒河江駅よりバス石田下車　駐車場・あり

岩木 恵日山 慈眼院

御本尊
聖観世音菩薩

不思議な伝承の観音像を納めた岩木山中の天台宗の寺院

その昔、諸国行脚中の老僧が、岩木山中に一体の観音立像を納めて立ち去った。その後、通りかかった木こりが観音像を発見し家に持ち帰った。この木こりは南北朝時代の嘉慶元（1387）年3月、仏縁を感じて出家して名を教円坊と改め、岩木山の中腹に観音堂を建立して、慈眼院と名づけ安置した。

その後、恵日山慈眼院は、享保元（1716）年の山火事によって焼失してしまったが、本尊の聖観世音菩薩の立像は、観音堂前の田んぼの中から何の損傷もなく発見されたという。ただちに堂の再建が開始され、翌年に完成。このお堂が現在まで残っている。

この観音像は蒲の衣をまとっていた。その蒲の衣が損じた時、蒲は生えないとされてきた一帯に自然と蒲が生え、それを取って衣を着せたという言い伝えもある。

御朱印

御詠歌

よきみちに
すすめばすすむ
よのならひ
ひとのこころは
いはきならねば

住所・山形県西村山郡河北町岩木570　電話・0237-72-3191　アクセス・JR寒河江駅より車で20分　駐車場・あり

御本尊
十一面観世音菩薩

黒鳥 東根山 秀重院

出羽三山を見渡す高台に建つ 慈覚大師作の御本尊を祀る

創建は養老７（７２３）年に、大和国長谷寺の十一面観音を勧請し祠を山腹に建てた。あるいは貞観13年（８７１）年に、郡司の伴直道が奉祀したのが創建との２つの伝承がある。創建時は真言宗の寺院であった。その本尊の黒鳥観音（十一面観世音菩薩）は慈覚大師作とされる。

江戸中期の享保年間（１７１６〜１７３５年）に、現在は東根市の龍興寺沼公園となっている場所にあった龍興寺の住職崇容和尚が、観音堂の再建を発願して完成させた。このため、以降、観音堂は龍興寺によって管理されてきたが、その後龍興寺が衰退し無住となったため、文政３（１８２０）年から曹洞宗の秀重院が別当となった。

現在は秀重院の直接管理にはなっておらず、信者たちが協力して管理するお堂となっている。

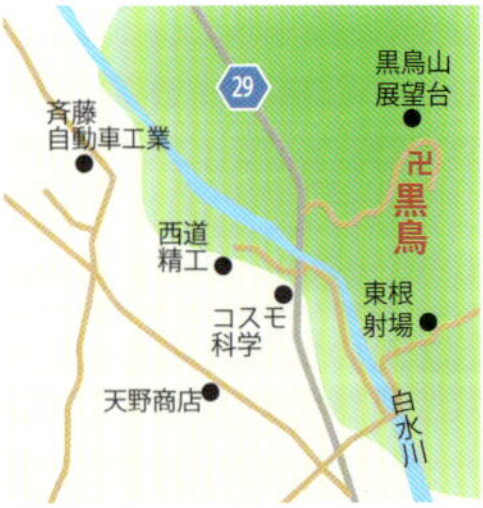

◆御詠歌
むかしより
たつともしらぬ
くろとりの
ほとけのちかひ
あらたなりけり

◆御朱印

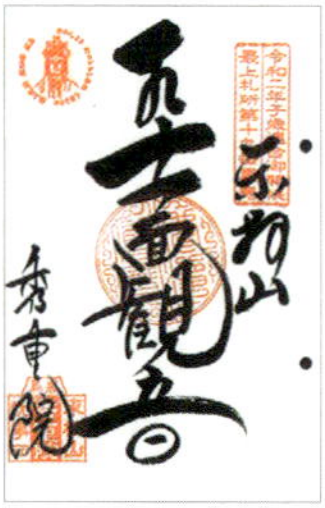

住所・山形県東根市本丸南2-10-2 電話・090-2279-9610 アクセス・JRさくらんぼ東根駅より車で7分 駐車場・あり

最上
三十三観音
MOGAMI

第20番札所

御本尊
聖観世音菩薩

小松沢　青蓮山　清浄院

江戸時代後期に再建されたお堂に行基作と伝えられる仏像をまつる

飛鳥時代から奈良時代にかけて活動した行基が布教のため当地・小松沢の里に滞在した際、3体の仏像を彫刻。岩の上（米撒清水のある場所）に、これら仏像を収めるお堂を建てて安置し、巌上三所権現として信仰を集めるようになった。この巌上三所権現の別当寺として巌下寺が創建された。なお、村山市郷社八幡神社近くにある現在の清浄院が、元の巌下寺である。

しかし、その観音堂は寛文年間（1661～1673年）の山火事で類焼、その再建途上で再び焼失、その後も山火事類焼の難に遭ったが3体の仏像は少しの破損もなかったという。現在残るお堂は享和2（1802）年8月20日に再建完成したものである。お堂のある山頂からは、美しい最上川の流れや、田畑に包まれた家々の眺望が見渡せる。朱印所清浄院までは約3km。

◆御詠歌

ちちははの
はなとそだてし
こまつざは
はるをまちえて
みどりたつなり

◆御朱印

住所 • 山形県村山市小松沢6500（清浄院：村山市楯岡馬場9-9）　**電話** • 0237-55-6171（清浄院・御朱印も）
アクセス • JR村山駅より車で10分　**駐車場** • あり

最上
三十三観音
MOGAMI

第21番札所

御本尊
聖観世音菩薩

五十沢 如金山 喜覚寺

江戸初期に、金森氏の一族が創建
お堂には金森氏の守護仏を収める

加賀国から出羽国五十沢に逃れてきた金森石見守が慶長19（1614）年3月、東本願寺13代門跡の宣如上人に弟子入りし、法名を釈浄信として、金森山喜覚寺を開山。この時、金森山の中腹にお堂を建て金森家代々が守護仏としてきた観音像を安置した。これが「布引観音」として周辺の信仰を広く集めるようになった。今日、五十沢観音が「布引観音」とも呼ばれるが、布引の「布」は布製の馬の手綱のこと。観音堂の下を通る際、下馬し手綱を引いて通ったことによる。

元禄年間の山火事で堂が類焼した際、源正坊という喜覚寺の住職が火の中から仏像を救い、信者を説いて観音堂を再建させたことによる。この源正坊が再建した観音堂が現在まで残されている。堂内にある三十三観音の木像は、大正末期に安置されたものだ。

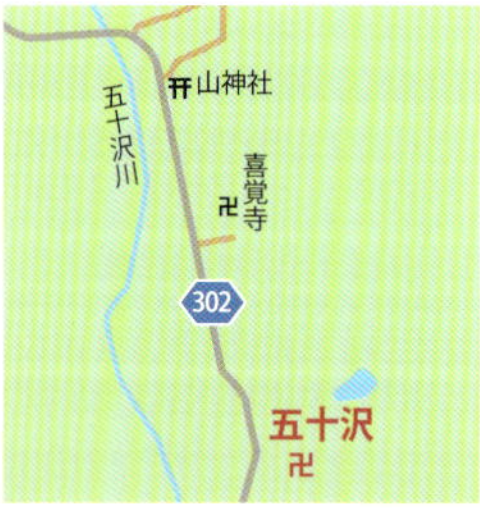

◆御詠歌

ひとはいざ
こころもしらぬ
いさざはの
やまのおくにも
つきはてるらん

◆御朱印

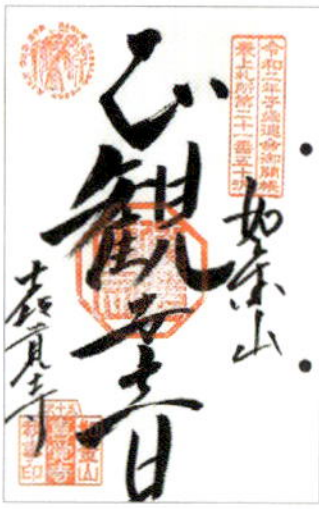

住所・山形県尾花沢市五十沢488　電話・0237-22-2582　アクセス・JR大石田駅よりバス観音口下車　駐車場・あり

延沢　祥雲山　龍護寺

御本尊
聖観世音菩薩

慈覚大師の作の本尊を安置した かつての延沢城主の菩提寺

延沢観音のある曹洞宗の寺院・龍護寺の創建は天正年間（1573〜1592年）とされる。開基は、当時の延沢城主であった最上家家臣の野辺沢満延で堂宇を建立し、野辺沢家の菩提所としたのが始まりとされる。このため、境内には、野辺沢満延と満昌の墓などがある。

延沢観音を安置した観音堂の建立は寛文年間（1661〜1673年）。隠元禅師に師事した土屋又三郎という修業僧が近江国の瓦原寺に泊まった時、枕元に観音様が立ち、祥雲山の麓に観音像を祀れとのお告げを受け、龍護寺に御堂を建立し、慈覚大師の作と伝えられる聖観世音菩薩を安置したと伝えられている。

現在の観音堂は明治45（1912）年頃に現在地に改築・移転した後、平成15（2003）年に改築したものだ。

◆御朱印

◆御詠歌

いのれただ
ひとのよわひを
のべざわの
ほとけのちかひ
ありがたきかな

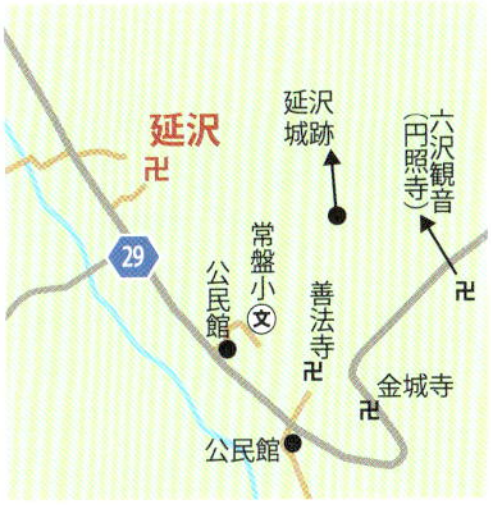

住所・山形県尾花沢市延沢竜護寺925-1　電話・0237-28-2331　アクセス・JR袖崎駅より車で17分　駐車場・あり

最上
三十三観音
MOGAMI

第23番札所

六沢 光沢山 円照寺

御本尊
聖観世音菩薩

城沢山の椋の大樹の伝承を残す 慈覚大師作と伝わる観音像

その昔、六沢一帯は湖水となっており、人々は舟や筏で行き来していた。その湖水のほとりに、樹齢数千年とさされた椋の大樹があり、湖を渡って来た人は、荷物の積みおろしや舟の乗り降りの際、これに舟をつないで荷下ろしなどをしていたため、この地はつなぎ沢と呼ばれていたという。

ところが、この大樹はその枝葉を数町にまで広げ、日差しを遮り、農作物に被害を与えた。しかし、樹の精がいるため切り倒すことができず、村人たちは困惑したという。

この話を東北巡錫中の慈覚大師円仁が、平安時代初めの大同２（８０２）年に六沢の城沢山を訪れた際に耳にし、大師自らが大樹を切り、その木材で聖観世音菩薩を刻んで有縁の地に安置した。そのうちの一体が城沢山観音寺（天台宗）の御本尊、繋沢観音（現六沢観音・聖観世音菩薩）であると伝承

される。また、観音像を刻んだ残りの木材で刻んだと伝わる仏像が村の古い家に現存し、その仏像を「木っ端地蔵」と呼び大切にされているという。

いつの間にか衰退した観音寺 昭和になり円照寺境内に改築移転

観音寺は野辺沢城主の祈祷所として代々の城主に守られたが、城の衰退とともにいつしか廃寺となり、荒廃した。観音様を深く信仰する村人達は、明治の初め近くの円照寺住職に就任した17世江口皐天大和尚に管理を依頼、師の努力で観音堂は復興を果たし、境内には学校（寺子屋）も建てられた。現在の観音堂は、昭和52（1977）年に、同寺20世哲生大和尚が老朽化した観音堂を、円照寺境内に改築移転したものである。

円照寺がある尾花沢市は、「花の山形 紅葉の天童、雪を眺むる尾花沢」と、東北4大祭りの一つ花笠踊りと、冬の雪の多さで全国的に知られている。同寺へは、尾花沢市内より車で約20分、銀山温泉街道にあたる常盤トンネルを潜ると、まもなく右手に円照寺が現れる。周囲を山に囲まれ、いつの季節もひっそりとした雰囲気に包まれている。

◆御朱印

◆御詠歌

いまここに
みのりのふねの
をりをえて
のちのよまでも
うかぶなりけり

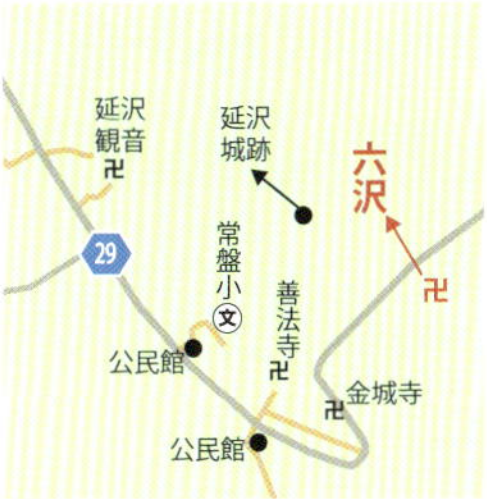

住所 • 山形県尾花沢市六沢741-3　電話 • 0237-28-2319　アクセス • JR大石田駅よりバス六沢寺前下車　駐車場 • あり

最上
三十三観音
MOGAMI

第24番札所

上ノ畑　宝沢山　薬師寺

御本尊
聖観世音菩薩

銀山で栄えた交通の要衝に旅人の安全を祈念し観音を安置

銀山温泉の手前にある宝沢山薬師寺の境内にある観音堂。この地は出羽の国境に位置し、土豪の高橋信濃が旅人の安全を祈念して、観音を安置するお堂を建立したのが始まりとされる。その後何度か火災に見舞われ、詳細は不明となっている。

上ノ畑観音は、もともとは銀山温泉の上流、上ノ畑集落にあったという。その観音を収めたお堂は、近くにあった東源寺という小さな禅寺が管理していたが、無住になってしまった。そこで江戸末期に、薬師寺の勇岳という長老が復興したが、お堂は焼失したという。その際、高橋善左衛門が猛火の中から仏像を救い、独力で再建を進め、安政4（1857）年に新たな観音堂が銀山温泉付近に完成し、本尊の聖観世音菩薩像が収められた。現在のお堂は、平成8（1996）年に改築再建されたものだ。

◆御朱印

◆御詠歌

たなばしの
かみのはたより
ながむれば
あきのたおもて
ぼさつなりけり

住所 • 山形県尾花沢市上柳渡戸207　電話 • 0237-28-2437　アクセス • 尾花沢バスターミナルよりバス寺前下車　駐車場 • あり

尾花沢 弘誓山 養泉寺

御本尊
聖観世音菩薩

害虫退散の観音様を安置した かつて松尾芭蕉が訪れた観音堂

平安時代初め、尾花沢一帯はかつて、地上に光が届かないほど雑草が生い茂っていたため、人や家畜に害をなす毒虫が多く、旅人を悩ませていたという。当地を訪れた慈覚大師円仁が、自刻した観音像を祀り、悪虫退散を祈願したところ、毒虫はたちまち絶滅したという。その話を伝え聞いた人々が、大師が製作した観音像を安置したお堂を訪れ賑わうようになった。

この観音堂を管理する別当となった養泉寺は、東叡山寛永寺の直系の寺として高い格式を持ち栄えたが、明治維新後に衰えた。その当時の観音堂は北坂下の水田近くにあったが、江戸時代初めの元和元（1615）年に現在地に移転。その当時の記録を遺失しており、当時の住職も含め、その経緯は不明となっている。現在の観音堂は明治30（1897）年に再建されたものである。

◆御詠歌

そばなざは
ほとけのみての
いとすすき
てにとるからに
ゆらぐたまのを

◆御朱印

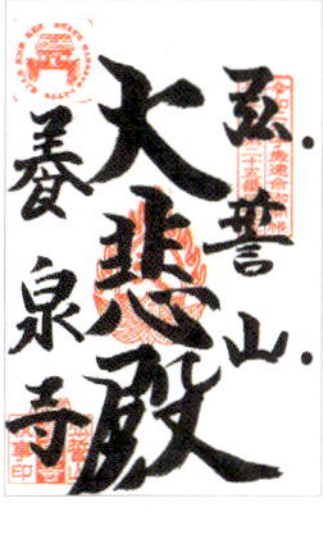

住所・山形県尾花沢市梺町二丁目4-6　電話・0237-22-0669　アクセス・JR大石田駅よりバス尾花沢バスターミナル前下車　駐車場・あり

最上
三十三観音
MOGAMI

第26番札所

川前 川前観音堂

御本尊
聖観世音菩薩

近隣の人々が守り育ててきた 慈覚大師円仁ゆかりの観音様

川前観音の名前の通り、最上川が大きく蛇行する小高い丘の上にある。

平安時代、この地方に悪疫が流行したとき、天台宗の慈覚大師円仁が観音像を安置し、悪病消除を祈って、その悪病を退散させた。この地方の豪族の安倍頼泰は、この聖観世音菩薩を深く信仰し、最上川を望む丘の上に堂を建てて、この観音を守護仏とした。

安倍頼泰の子孫も代々、観音像と観音堂を守ってきたが、その子孫・頼直の時に最上義光から攻められて敗れたため、観音堂も荒れ果ててしまった。このため村人の鎮守仏として維持してきたが、新庄藩主戸田氏の庇護を受けるようになったことで再興した。明治維新で、藩主戸田氏の庇護が受けられなくなってからは、村の有志が中心となって資金などを出し合いながら、今日までその法燈と信仰を守り伝えている。

◆御朱印

◆御詠歌

おのづから
みをきよめたる
かはまへの
わたりのふねは
ぐぜいなるらん

住所・山形県北村山郡大石田町川前114　電話・0237-35-5000（納経所）　アクセス・JR大石田駅より徒歩40分
駐車場・なし

最上
三十三観音
MOGAMI

第27番札所

深堀　深掘観音堂

御本尊
聖観世音菩薩

長い歴史の中で変転をたどった聖徳太子御作の菩薩像が本尊

深掘観音堂の現在の御本尊は、都に居住した安戸見一尾という人物が所持していた聖徳太子の御作と伝えられる聖観世音菩薩であり、その後転々とした。安戸見一尾の子孫が没落したため、この仏像を比叡山に奉納された後、安戸見一尾の子孫の川辺市正という武士、さらに長谷川盛易から大和国の橘寺、九鬼一之進、松永弾正と転々として、松永氏の子孫が浪人となってから山形市の大竜寺に安置された。

一方、深掘観音堂には別の観音像を安置していたが盗難に遭い、新たな仏像を求めていたところ、大石田の立光庵の海存坊が、大竜寺から観音像を譲り受け、これを深掘観音堂の御本尊として安置したのだという。明治の神仏分離後、村民が交代で管理することになり今日に至った。この御本尊は観音堂の天井裏板の上に安置されている。

◆御朱印

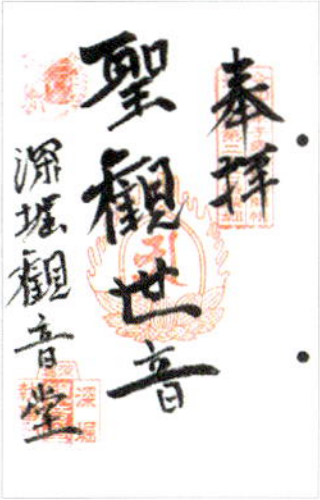

◆御詠歌

いはをたて
みづをたたへて
ふかほりの
にはのいさごも
じようどなるらん

住所・山形県北村山郡大石田町豊田595　電話・0237-35-5026（納経所）　アクセス・JR大石田駅より徒歩30分
駐車場・なし

最上
三十三観音
MOGAMI

第28番札所

塩ノ沢 塩沢山 曹源院

御本尊
千手観世音菩薩

斎藤茂吉が歌に詠んだ御本尊は天正の戦乱で焼け炭化した秘仏

曹洞宗の塩沢山曹源院の西方約1キロの山の中腹にある観音堂である。曹源院の縁起によれば、四位少将師興朝臣が観音堂を建立して、千手観音を安置したことが始まり。その子孫にあたる日野備中守師重が、塩澤山に居城塩ノ沢館を築城し、付近一帯を治めてきたが、天正年間（1573～1592年）、最上義光の家臣の延沢能登守が日野氏を攻め、この地を攻略。この時、観音堂にも戦火がおよんだ。御本尊はこの戦火で焼け、炭化したが秘仏として祀られることになった。

現存する観音堂は享保年間（1716～1736年）に建立された後、大正2（1913）年の台風で倒壊し修復された。その際に御本尊が開帳され、天正年間での戦火で炭化していたことが改めて確認できたという。

◆御朱印

◆御詠歌

みなひとの
こころさしくる
しほのさわ
うみよりふかき
めぐみなりけり

住所・山形県北村山郡大石田町横山327-1　電話・0237-35-2262　アクセス・JR大石田駅より徒歩15分　駐車場・あり

最上
三十三観音
MOGAMI

第29番札所

大石田 石水山 西光寺

御本尊
聖観世音菩薩

最上川を流れていた観音像を本尊として祀った観音堂

大石田の細川甚兵衛子息の仙太が、最上川で釣りをしていると波間にまぶしい光が見え、釣り竿でたぐり寄せてみると一体の観音像だった。仙太は父が観音を深く信仰していたことから家に持ち帰ったが、家が貧しいため、近隣の宝徳3（1451）年開山の時宗寺院の西光寺に預けたという。

西光寺がその観音像を安置するため堂を建てようとした寛文10（1670）年、最上川に巨大な木材が浮かび上がった。この木材を使って観音堂を建てたという。

観音堂は、明治3（1870）年7月18日の大石田の大火で焼け落ちたが、観音像は無事であったため、明治5（1872）年に観音堂が再建された。これが現在の観音堂である。また、西光寺西方にあった立光庵が観音堂別当を務めていたが、廃寺になり西光寺に移されたという説もある。

◆御朱印

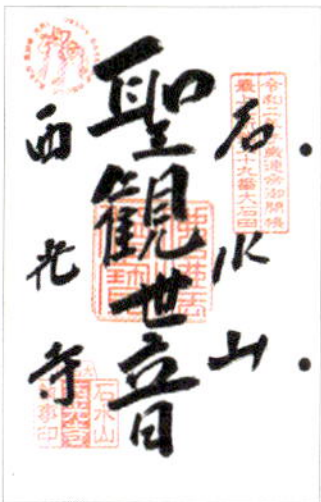

◆御詠歌

つきもひも
なみまにうかぶ
おほいした
ふねにたからを
つむこころせよ

住所・山形県北村山郡大石田町大石田乙692-1　電話・0237-35-2364　アクセス・JR大石田駅より徒歩10分　駐車場・あり

丹生村 鷹尾山 般若院

御本尊
聖観世音菩薩

当地で没した老僧の遺言で建立 聖観世音菩薩を祀るお堂

山刀伐峠に近い尾花沢市の丹生集落にある天台宗寺院・鷹尾山般若院にある観音堂。ここに、御本尊として、聖観世音菩薩像が安置されている。

この観音堂の創建と御本尊については、江戸時代と思われるが、その詳しい年代は不明で、次のような言い伝えがある。

諸国を行脚中の旅僧が丹生にたどり着いたとき重病に倒れ、やがて死去した。その臨終の際、老僧は次のように遺言したという。「私は江戸浅草観音堂から、観世音の木像を頂いて、諸国を遍歴してきた。ここで命数つきて永眠するのも、何かの因縁でしょう。思うに観音がここに止まりたいお心からと思うから、どうかこの尊像を祀って信仰を続けてください。」そこで丹生の村人は老僧がなくなった場所にお堂を建て、聖観世音菩薩を安置したのだという。

2度の火災を潜り抜け現在に至った丹生山中の観音堂

この聖観世音菩薩像を収めた観音堂は、享保18（1733）年、宥順権大僧都の時の火災で焼け落ちたが、観音像は無事であった。その後、天明2（1782）年に、当時の別当の光善法印が夢でお告げを受け、観音堂を現在地の丹生山の中腹に再建移築したのだという。観音堂のもとの場所は、今日でも観音屋敷という地名が残っている。

さらに、丹生山中の観音堂もまた、天保2（1831）年の関山法印の時に再び火災に遭って焼け落ちたが、またしても御本尊の観音像は無事であった。この火災後、観音像は仮の安置が続いてきたが、天保14（1843）年に至って、新たな観音堂が再々建された。これが現存するお堂であり200年近い歳月を経ている。

なお明治初期、時の政府による神仏分離政策による廃仏毀釈で、神社と仏教寺院が切り離された際、この観音像は丹生の観音堂から月山神社に移され、月山神社において神式で祭事が行われた時期があったが、その後丹生の観音堂に戻された。

◆御朱印

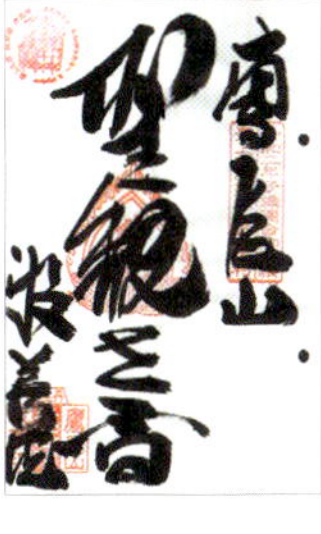

◆御詠歌

あなたふと
みちびきたまへ
にうむらの
くわんぜおんにぞ
はこぶあゆみ

住所 • 山形県尾花沢市丹生1699　電話 • 0237-22-2175（御朱印所）　アクセス • JR大石田駅からバス正厳下車
駐車場 • なし

最上
三十三観音
MOGAMI

第31番札所

富沢　浪高山東善院　光清寺

御本尊
馬頭観世音菩薩

馬の繁殖を奨励して像を刻みお堂を建立した慈覚大師

平安時代前期、第3代天台座主となった慈覚大師円仁は、関東・東北を行脚し、関東209寺、東北331寺余を開山したといわれる。

慈覚大師は清和天皇の時代の貞観5（863）年、そうした東北巡錫の途中で、この地を訪れて、富沢の景勝を称賛して補陀落山と名づけた。また、各所で馬が放牧されているのを見て、自ら馬頭観音の座像を彫刻して、堂を建立してその像を安置し、馬の守護仏とするとともに、村人には祈願と馬を増やすよう勧めたという。

同観音堂の始まりについて、このような言い伝えがある。このため、富沢観音（馬頭観世音菩薩）は、近隣の人々だけではなく、遠方の人々からも馬の守護仏として信仰を集めるようになった。現在も、東北三大馬頭観音の一つとして、県内外から多くの参詣

者が訪れている。

生活を支えた馬の守護仏として領主大名たちの信仰を集める

そうした一人が、浄瑠璃や歌舞伎などで知られる小栗判官正清（藤原正清）であった。小栗判官は横山某の奸計で、馬場で鬼鹿毛の馬に乗せられたが、うまく乗りこなし難を免れたという。判官は日頃念じてきた観音の功徳によるものと、楠を以て観世音を刻んで、良馬の産地に祀ろうと考え、臣下の小太郎に命じたとされる。小太郎は判官の刻んだ観音像を背負って各地を訪ね歩き、当地に至り、この地こそ主命を果たす好適地として観世音を納めて立ち去った。

このように、富沢は当時の地頭領主の篤い信仰を集めた他、江戸時代に入って藩政が敷かれた後も、藩主戸田氏が厚遇し、寺領12石を寄進し、その代替りには必ず格式行列で参向するという厚遇を寄せた。

新庄藩の時代の一時期、富沢観音は赤倉川向の檀の沢に移されたが、藩主戸沢能登守政親が、寛政9（1797）年に観音堂を再建して、再びもとの場所（現在地）に移建された。

◆御朱印

◆御詠歌

さとびとの
ゆたかにすめる
とみざはの
のきばのはな
くちぬなりけり

住所・山形県最上郡最上町富沢1378　電話・0233-45-2217　アクセス・JR赤倉温泉駅より徒歩5分　駐車場・あり

最上
三十三観音
MOGAMI

第32番札所

御本尊
十一面観世音菩薩

太郎田 慈雲山 明学院

観世音菩薩の導きで 一面の泥海が見事に水田に

太郎田観音と呼ばれることについて、以下のような言い伝えがある。その昔、当地一帯は見渡す限り泥海のような低湿地であったが、最上川流域の開拓が進むに従って集落がつくられるようになった。

伊豆国出身の伊豆三郎と、安芸国の田沢内之助が協力して開墾を始めた。ある朝、草むらの中から一羽の白鷺が飛び立ったことに驚いてその辺を探ってみると観音像があった。大切に持ち帰り安置したところ、観音像のあった場所は、苗代のようになり、試しに稲を植えたところ、見事に生育したという。付近の人々も彼らの徳を慕って集まってきた。こうして一帯は見事な水田に変わっていった。

太郎田は、そんな村人たちが初めて種を蒔いた場所で、現在も当地には太郎田前・北太郎田などの名前の字が残されている。

御朱印

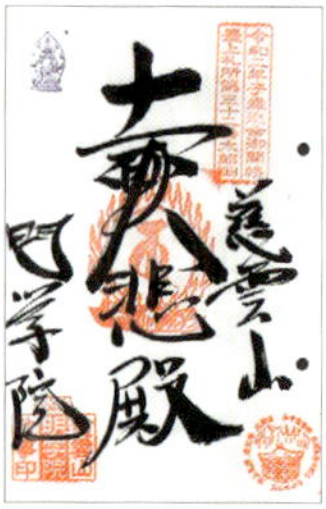

御詠歌

みやまぢや
ひばらまつばら
わけゆけば
たろうだにこそ
こまぞいさめる

住所 • 山形県最上郡最上町若宮119 **電話** • 0233-43-3916 **アクセス** • JR大堀駅より徒歩20分 **駐車場** • なし

庭月 庭月山 月蔵院

御本尊
聖観世音菩薩

鮭延氏が近江より持参した観音像を庭月氏の進言で遷座したのが名の由来

近江国の鯰江城主であった佐々木新太郎綱村は、出羽北部の小野寺氏に仕え、姓を鮭延と改め、真室城を居城とした。綱村は日頃から観音を信仰し、近江から持参した御本尊を城内に安置したが、家臣の庭月利左衛門広綱の進言を聞き入れ、鮭川沿いの風光明媚の土地に観音像を移遷した。それ以来、庭月観音と呼ばれ、信仰を集めたという。

その後、観音堂は荒廃したが、新庄藩の藩主戸沢氏の発願により信徒から寄付を募り、寛文11（1671）年4月に現在地に移転して再興された。その5年後に、円満寺住職の尊純法印を願主に盛大な落慶法要が営まれ、尊純法印の発願により阿弥陀堂が建立された。さらに、蓮雄法印が弘化年間（1844〜1848年）に再び堂の建立を発願し、嘉永5（1852）年8月に現在の観音堂が落慶した。

◆御朱印

◆御詠歌

よろづよの
ねがひをここに
たのみおく
ほとけのにはの
つきぞさやけき
〈おゆずり〉
いままでは
おやとたのみし
おひずりを
ぬぎておさむる
にはつきのてら

住所・山形県最上郡鮭川村庭月2829　電話・0233-55-2343　アクセス・JR羽前豊里駅から徒歩30分　駐車場・あり

最上
三十三観音
MOGAMI

番外

世照 臥龍山 天徳寺

御本尊
子安観世音菩薩

天台宗の月蔵院から曹洞宗天徳寺に引き継がれた

世照観音・子安観世音菩薩は、別名で向町観音の名をもつ。その創建は詳しくはわかっていないが、江戸中期の元文年間（1736～1741年）以前は、最上三十三観音霊場の唯一の番外札所として知られてきた。当初の別当寺院は、最上町向町にあった月蔵院という天台宗の寺院であった。これが、向町観音と呼ばれてきた理由だ。

向町観音には多くの巡礼者の参拝が行われていたが、月蔵院は天保年間（1831～1845）に後継者がなく廃寺となってしまったという。このため、臥龍山天徳寺の檀徒と一般の信者が諮って天徳寺に遷座させ、以降、曹洞宗の天徳寺が別当寺院を務め、現在に至っている。

そして、いつの頃からか、この子安観世音菩薩は、世照観音の名で親しまれ、地域の人々を始め大いに信仰を集めるようになった。

戦中に焼失した子安観音菩薩を忠実に再現した現在の御本尊

世宗観音の本尊の子安観音菩薩は、その丈7寸で台座に坐し、約40センチの厨子に安置されていたという。しかし、残念なことに、昭和17（1942）年の大火で、安置堂の衆寮とともに焼失してしまった。その後、高さ約50センチの子安観音立像が新たに作像され、観音堂を兼ねた位牌堂に安置されてきた。

天徳寺は12年に一度の子年に行われてきたご開帳に合わせ、さらに新たに、両手で赤子を優しく抱いた、高さ約30センチの子安観世音菩薩の座像を作像した。この菩薩像は、淡い青や緑に彩色した衣、金色に輝く光背など、寺に残された文献や資料をもとに、昭和17（1942）年の大火で失われたもとの御本尊を忠実に再現したものという。

観音菩薩は三十三身に姿を変え、衆生（人々）を救済するといわれる。優しい眼差しで赤子を見つめる子安観音坐像も、また姿を変えた観音菩薩である。その姿は慈愛に満ちて温かく、参拝者の心を癒し、安らかにしてくれる。

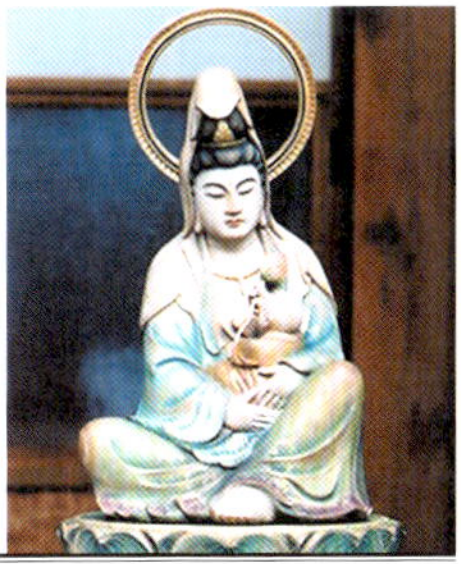

◆御朱印

◆御詠歌

よをてらす
ほとけのちかい
ありければ
まだともしびも
きえぬなりけり

住所・山形県最上郡最上町向町1495　電話・0233-43-3935　アクセス・JR最上駅より徒歩6分　駐車場・あり

やまがた出羽百観音

庄内三十三観音

MOGAMI

地域の人々の祈りを集め、
今も大切な心の拠りどころとなる観音霊場。
霊気漂う深山から食の恵みに満ちた
庄内平野に点在する35か所の札所を巡る。

庄内三十三観音とは

庄内地域は、山形県北東の内陸部に位置する。その範囲は、東は奥羽山脈を境に宮城県と、西は出羽山地を境に庄内地域と、南は村山葉山・実栗屋峠を境に村山地域と、北は加無山を境に秋田県と接している。

庄内三十三観音は、首番の荒澤寺から番外の観音寺までの35の札所からなる。庄内の地に札所霊場が設けられたのは、正徳4(1714)年、羽黒山荒澤寺の大恵東水和尚が、藤島・鶴岡の僧俗を集め、霊験あらたかな観音霊場三十三ケ所を選定。三十三ケ所は、当国札所と名付けられ、和尚自ら各地を巡錫して、御詠歌を作製したものだ。

しかしその後、札所巡礼の名を借り、隠密などが入国するようになったため、藩主酒井公が一時巡礼を廃止したという。だが明治になり、再び観音霊場参りが盛んになった。その際に神社霊場を改め、同時に名称を庄内札所観音霊場と改めた。

霊気漂う深山から、食の恵みに満ちた庄内平野に点在する札所は、今も多くの人々の祈りを集め、大切な心の拠りどころとなっている。

庄名では観音様は、寺院の本堂に御本尊と一緒に祀られることが多く、出羽三山信仰とも深い関わりをもつ。死後も衆生救済に尽くすことを願った即身仏が、第9番大日坊・第29番南岳寺・第31番注連寺に安置される。

【モデルコース】鶴岡方面から車使用の場合の２泊３日コース

1日目

2 来迎山金剛樹院 → 1 羽黒山正善院 → 首番 羽黒山荒澤寺 → 5 桃林山永鷲寺 → 3 長瀧山善光寺 → 6 白狐山光星寺 → 24 萬歳山冷岩寺 → 7 寺尾山法光院 → 31 湯殿山注連寺 → 9 湯殿山大日坊 → 32 太白山吉祥寺 → 宿泊 鶴岡市内

2日目

25 明石山龍宮寺 → 8 相尾山地蔵院 → 26 大日山長福寺 → 27 大日山井岡寺 → 29 修行山南岳寺 → 28 新山龍覚寺 → 33 金峯山青龍寺 → 30 高寺山照光寺 → 4 福地山長現寺 → 23 光国山勝伝寺 → 22 清流山洞泉寺 → 14 梅枝山乗慶寺 → 宿泊 酒田市内

3日目

17 薬王山東光寺 → 13 東林山宝蔵寺 → 12 洞瀧山總光寺 → 15 本居山龍澤寺 → 18 生石山延命寺 → 11 見龍山円通寺 → 19 鳥海山龍頭寺 → 16 松河山海禅寺 → 21 鳥海山松葉寺 → 10 良茂山持地院 → 20 春王山光国寺 → 番外 慶光山観音寺

◆ 志納金について

御朱印

おいづる	200円（2印）	霊場会発行納経帳	300円（3印）
納経帳	墨書き込み300円（3印）	納経帳	墨書きないの場合100円（3印）
納経帳	墨書きした霊場へ200円		

お姿

紺紙金泥	200円（1枚）	彩色お姿	100円（1枚）
朱印	100円（1印）		

庄内地域

庄内三十三観音全図

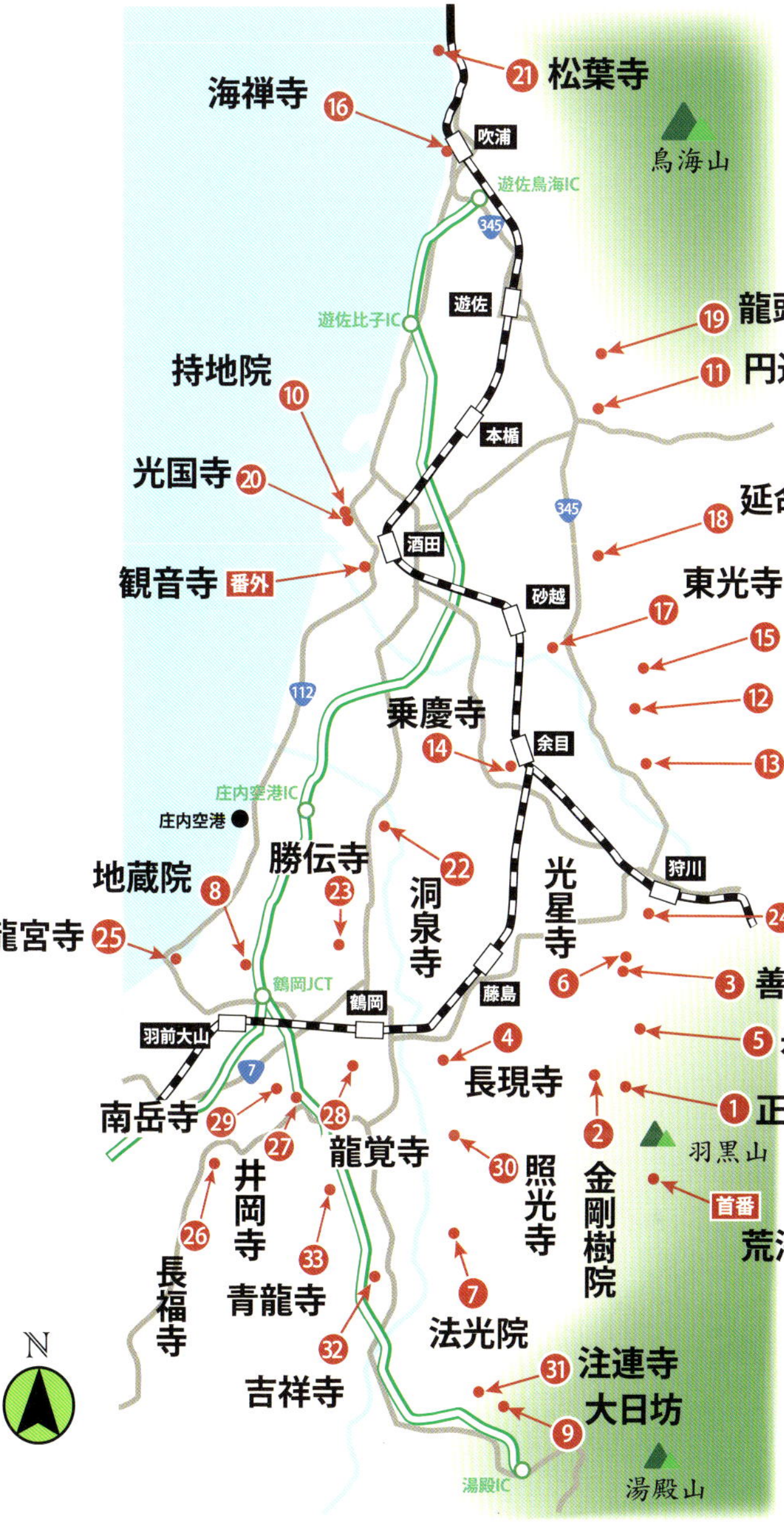
21 松葉寺
16 海禅寺
吹浦
鳥海山
遊佐鳥海IC
345
遊佐
遊佐比子IC
19 龍頭寺
11 円通寺
持地院 10
本楯
光国寺 20
345
18 延命寺
酒田
観音寺 番外
砂越
17 東光寺
15 龍澤寺
112
12 總光寺
乗慶寺
14
余目
13 宝蔵寺
庄内空港IC
庄内空港
勝伝寺
22
洞泉寺
光星寺
狩川
地蔵院 8
23
24 冷岩寺
龍宮寺 25
6
3 善光寺
鶴岡JCT
鶴岡
藤島
羽前大山
4
5 永鷲寺
7
長現寺
1 正善院
南岳寺 29
28
2
羽黒山
27
龍覚寺
30 照光寺
金剛樹院
井岡寺
首番
荒澤寺
26
33
長福寺
青龍寺
7
法光院
32
31 注連寺
吉祥寺
9 大日坊
湯殿IC
湯殿山
N

庄内 三十三観音
SHONAI
首番

御本尊
羽黒山 荒澤寺
大日如来・阿弥陀如来・観音菩薩

羽黒修験の始まりを伝える崇峻天皇の皇子が開山した古刹

荒澤寺は羽黒山修験本宗の本山で、出羽三山の山岳信仰・修験道の寺として古くから信仰を集めてきた出羽三山の一つである羽黒山の奥之院である。

同寺を開山した能除聖者は、第32代崇峻天皇の第3皇子にあたる蜂子皇子とされている。

大化の改新前の崇峻天皇5(592)年、蜂子皇子は父の崇峻天皇が臣下の蘇我馬子によって殺害された後、宮中を脱出して聖徳太子に匿われて出家した。

その後、蘇我氏による追討を避けるために丹後国由良(現在の京都府宮津市由良)から船に乗って北上し出羽国由良の八乙女浦(山形県鶴岡市)の海岸にたどり着いたのだという。羽黒山に登って羽黒権現を感得した蜂子皇子は、羽黒山を、さらに月山を開山したとされる。

月山の祖霊信仰、神仏混淆による独自の修験道を伝える寺

このような経緯で荒澤寺は出羽三山の山岳信仰・修験道の寺として古くから信仰されてきた。その後、真言宗、天台宗の寺院を経て、明治の神仏分離に伴い比叡山延暦寺の末寺となった。そして、戦後の昭和21（1946）年に、延暦寺から分離して羽黒山修験本宗の本山となった。

出羽三山（羽黒山、月山、湯殿山）は、日本を代表する修験道の聖地とされているが、真言宗系や天台宗系の修験道とは異なるものである。

さらに、荒澤寺の修験道は、出羽三山神社の修験道とも異なる厳格な「十界行」を執り行う独自のものでもある。

荒澤寺の本坊は正善院で、正善院の黄金堂（観音堂）は建久4（1193）年に鎌倉幕府初代将軍・源頼朝が寄進したとされ、文禄3（1594）年に建て替えられた国指定の重要文化財。

また、荒澤寺には明治以来断絶していた「御戸開《おとびらき》」が155年ぶりに執り行われたことで話題を集めた地蔵堂などがある。

◆御朱印

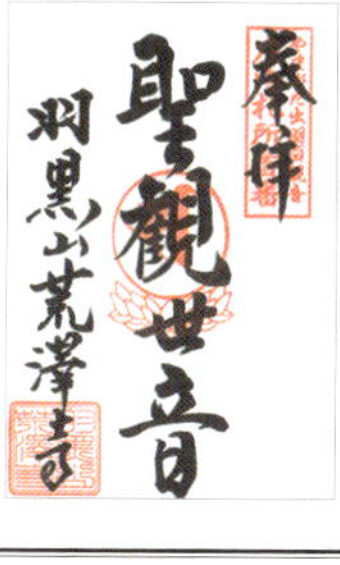

◆御詠歌

よのひとの
ねがひもみつの
やまふかく
のぼればきよき
のりのつきかげ

住所・山形県鶴岡市羽黒町手向字羽黒山24　電話・0235-62-2380（1番正善院・御朱印も）
アクセス・JR鶴岡駅よりバス荒澤寺前下車　駐車場・あり

庄内
三十三観音
SHONAI

第1番札所

羽黒山 正善院

御本尊
聖観世音菩薩

源頼朝と奥州藤原氏の合戦の歴史を伝える黄金堂

羽黒山修験本宗の本山の羽黒山荒澤寺の本坊で、東北三十六不動尊霊場の第6番札所ともなっている。開基は奈良時代の養老6（722）年。第3代の天台座主となった慈覚大師・円仁によって開山し、往時は羽黒山十大伽藍の一つであった手向山中禅寺の本坊として300の寺を束ねるという寺院であった。

正善院の黄金堂は、平家追討を果たした源頼朝が文治5（1189）年に平泉の藤原氏と弟の源義経討伐の勝利祈願のため寄進したと伝えられ、国指定の重要文化財に指定され、文化庁の日本遺産としても登録されている。

その黄金堂に本尊として安置されている、東北では珍しい等身大の三十三体の聖観世音菩薩像が黄金色に映えることが黄金堂の名の由来だといわれている。

江戸時代、大日如来の化身として信仰された女人を祀る於竹大日堂

境内にある於竹大日堂は、江戸時代に、困窮者救済などの善行から「大日如来の化身」とされ信仰を集めるようになった実在の女性である「お竹（於竹）さん」を祀ったお堂である。

彼女は、東京都北区赤羽西の善徳寺でも、於竹大日如来として信仰を集めているが、ここ山形県の庄内生まれであったとされる。そのような理由で、本寺には於竹大日堂がある。

お竹（於竹）さんは寛永17（１６４０）年の18歳のときに郷里を離れ、江戸大伝馬町の名主の佐久間家に奉公に出た後、30歳の時、江戸で独立開業したという。彼女は、たいへん誠実で親切な女性で、一粒の米、一きれの野菜も決して粗末にせず貧困者に施したことが界隈で、そして江戸中の評判になった。

その後、お竹（於竹）さんは「出羽の羽黒山のおつげによると大日如来の化身である」とされて信仰を集めるようになったとのことだ。

◆御朱印

◆御詠歌

たのもしき
のりのひかりの
こがねどう
つきぬちかひも
よよにしられて

住所・山形県鶴岡市羽黒町手向字手向232　電話・0235-62-2380　アクセス・JR鶴岡駅よりバス黄金堂前下車
駐車場・あり

庄内
三十三観音
SHONAI

第2番札所

御本尊
聖観世音菩薩

来迎山 千勝寺 金剛樹院

平安時代に創建された天台宗の古刹

金剛樹院は天台宗の寺院で、来迎山千勝寺の首坊でもある。明治の神仏分離以降、羽黒山では数多くの堂塔、寺院が消えていったが、当寺は荒澤寺、正善院とともに今日まで残った古刹である。

同寺は羽黒山内八大寺院の一つであったが、文化・文政年間に二度の大火に見舞われ、多くの古文書が焼失し詳しい開創は分からないが、平安時代に開創されたと思われる。

本堂には、中央に阿弥陀如来、右手に聖観音菩薩、左手に勢至菩薩、手前に吒枳尼尊天が安置されている。古くは、羽黒山を訪れた勅使の宿泊所として利用されていたという。

観音堂は文政13（1830）年に、羽黒山別当であった山海僧正が建立したもので、聖観音菩薩が安置されている。格天井には

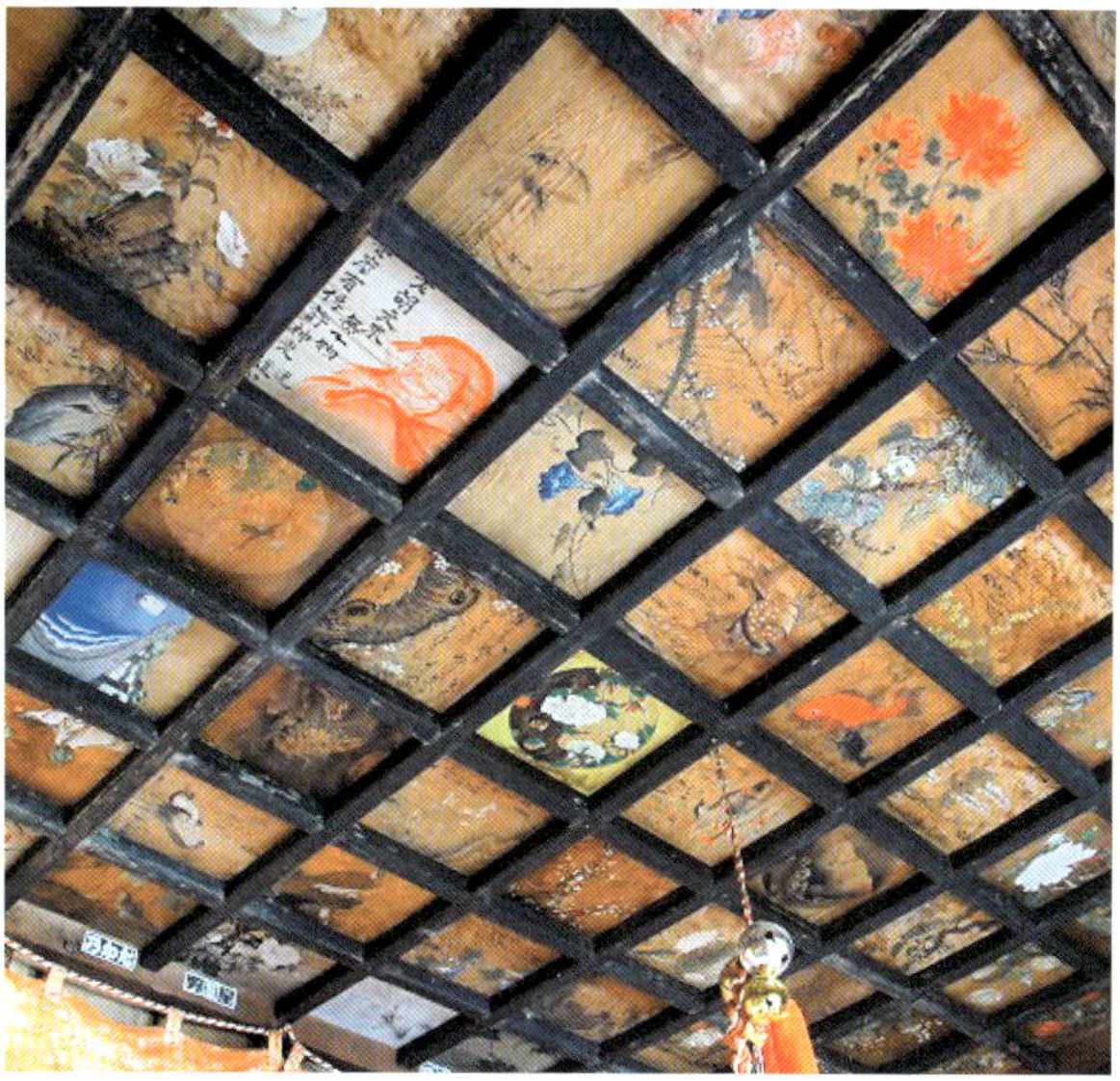

80枚の天井画があり、その天井画の中には、江戸時代に描かれた大変珍しい油絵が1枚ある。

元三大師堂は、比叡山延暦寺の中興の祖として知られる天台僧の元三大師・良源（角大師、慈恵大師とも）を祀るお堂である。元三大師は神社・仏閣のおみくじを作った僧侶としても知られる。

巡礼者の喉を潤す庭園に清水 裏山には古代〜近世の遺跡が

同寺の庭園は、江戸時代初めの寛永11（1634）年に、羽黒山を天台宗と定め、同寺を中興した天宥別当が造園したものである。その庭園にある金剛清水は、巡礼者の喉を潤す水として知られてきた。

金剛樹院は、出羽の戦国大名として知られる最上義光にゆかりの深い寺院である。義光のお局であった妙円禅尼が住んでいたという裏山には、大昔の居住跡と思われる「羽黒山百穴」がある。

また同寺には、禅尼により寄進されたお堂と住まいがあったが、文政5（1822）年に起きた手向の大火により類焼したといわれている。

◆御朱印

◆御詠歌

よのひとを
もれなくすくひ
たもふこそ
わがみほとけの
ちかひなりけり

住所・山形県鶴岡市羽黒町手向字手向285　電話・0235-62-2564　アクセス・JR鶴岡駅よりバス案内所前下車徒歩2分
駐車場・あり

御本尊

長瀧山　善光寺

阿弥陀如来、釈迦牟尼如来、聖観世音菩薩

初代庄内藩主ゆかりの江戸初期創建の曹洞宗の寺院

善光寺は江戸時代初期に、庄内三十三観音第6番の白狐山光星寺の第4世の然先全廓大和尚（光星寺4世）が開山し、初代庄内藩の初代藩主であった酒井忠勝が大檀那となって堂宇が造営されたとされる曹洞宗の寺院である。

観音堂では、長野善光寺と同様、中尊を阿弥陀如来とし、左右に勢至菩薩、聖観世音菩薩の3体の仏像を一組とする本尊を祀っている。

酒井忠勝は庄内に移封される前、信州松代藩の藩主であったことが、「善光寺式一光三尊仏」の本尊を持つことと関係しているのではないかともいわれている。

釈迦牟尼如来は奈良時代に慈覚大師の作ともいわれ、阿弥陀如来像は欽明天皇代に百済から大臣であった蘇我氏に献上されたとの言い伝えもある。

◆御朱印

◆御詠歌

きざはし
のぼるがごとく
ぜんこうじ
おろがむくどく
ちかいたのもし

住所 • 山形県東田川郡庄内町三ヶ沢字宮田2　電話 • 0234-56-2533（6番光星寺・御朱印も）
アクセス • JR狩川駅より徒歩40分　駐車場 • なし

庄内
三十三観音
SHONAI

第4番札所

福地山 長現寺

御本尊
聖観世音菩薩

江戸初めの観音像を安置する
安土桃山創建の曹洞宗寺院

長現寺は文禄2（1593）年に松尾山長巖寺の隠居寺として長巖寺第5世の笑山祖誾大和尚が開いた。境内には、本堂のほか切妻・桟瓦葺・妻入の観音堂、朱色の安産地蔵堂などがある。

観音堂に安置されている本尊の聖観音菩薩は、羽黒山から移された秘仏で、残念ながら例祭の行われる4月9日と9月9日の毎年2回の開帳時にしか拝観できない。この聖観音菩薩像は、もともとは福地大権現の本地仏の一つであったが、大正15（1926）年に仏式が廃され福地神社に改められた際に長現寺に移されたものである。かつて福地大権現は釈迦如来、文殊菩薩、普賢菩薩の3尊を本尊としていたが、これら3尊像は寛永5（1628）年に、鶴岡出身の今野善六氏が寄進したされたものと伝えられている。

◆御朱印

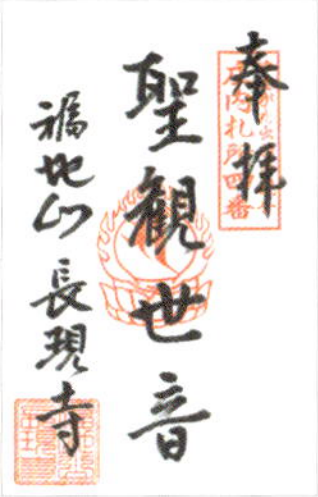

◆御詠歌

もろびとの
ねがいもふかき
ふくちどう
だいじたいひの
ちかいたのもし

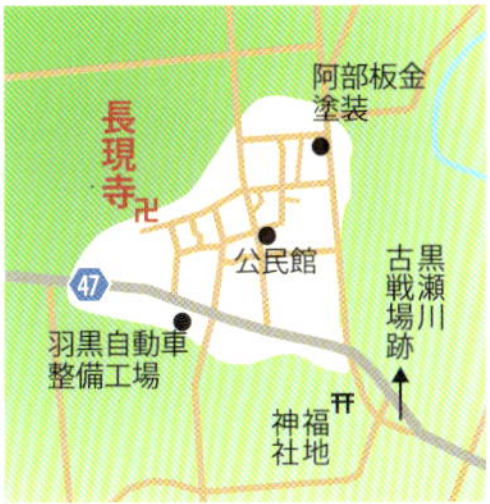

住所・山形県鶴岡市羽黒町狩谷野目字高坂32　電話・0235-62-2004　アクセス・JR鶴岡駅よりバス狩谷下車
駐車場・あり

庄内
三十三観音
SHONAI

第5番札所

桃林山 永鷲寺

御本尊
十一面観世音菩薩音菩薩

鶴岡・添川城の城主ゆかりの鎌倉時代創建の曹洞宗寺院

永鷲寺は曹洞宗の寺院で、荘内平和観音百八霊場の第14番札所でもある。鎌倉時代に開山されたのが始まりとされるが、創建年は詳しくはわからない。

だが、約７、８００年前、添川の西南中山の地に建立され、その後数１００年を経て当地に移されたという。「苔むす三つの石塔こそ添川楯の主、柴氏代々のはかなるぞ」という添川集落の歌が残る。昔盛んに唱えられたもので、この詞は同寺を詠ったものである。このようなことから華厳寺と称した、天台宗の寺院であったようだ。

鎌倉時代末に、当地にあった添川城の城主の梅津中将井実高が、添川の中山から現在地に境内を移して寺号を永鷲寺に改めたことから、梅津中将の中興開基とされている。梅津中将は当時、羽黒山の長吏職として衆徒の取り締りに当っていたという。

本堂裏に梅津中将の墓碑があるが、その案内板には「梅津中将は、宝治年中、鎌倉の執権北条時頼が出羽国の探題として派遣した武将で羽黒山長吏職を兼ねていたといわれている」とある。この墓碑は、寛永16（1639）年に死去した子孫の柴重右ェ門が供養のために建てたともあり、鶴岡市（旧・藤島町）指定史跡に指定された。

浅草寺から勧請した観世音菩薩を本尊とする

その後、室町時代の宝徳3（1451）年に永鷲寺2世天興是準和尚が曹洞宗に改宗し、海の守護神・龍神の寺として知られている龍王尊善寶（宝）寺の末寺となった。同寺が曹洞宗の寺院になった由来である。

江戸の金龍山浅草寺は、聖観世音菩薩を本尊としていることから浅草観音とも呼ばれてきたが、永鷲寺は江戸時代中期の正徳年間（1711～1716年）に浅草寺から本尊の聖観世音菩薩を分霊勧請して観音堂を建立した。なお、観音堂に安置された十一面観世音菩薩は、梅津中将の守護仏ともされている。この十一面観世音菩薩は、様々な災難、病気治癒、財福授与などの御利益がある。

◆御朱印

◆御詠歌

だれもみな
いのるこころは
ようじゅうじ
ふかきねがひを
うるぞうれしき

住所 • 山形県鶴岡市添川池苗代40　電話 • 0235-26-8877　アクセス • JR藤島駅より車で20分　駐車場 • あり

庄内
三十三観音
SHONAI
第6番札所

白狐山 光星寺

御本尊
釈迦三尊

白毛金尾の老狐伝説を残す出羽三山ゆかりの神仏習合の寺

全国から多くの人が巡礼・参拝に訪れる庄内町では唯一の神仏習合の寺院である。同寺の開山は恵通善知大和尚、開基は住宝波伝密九師大和尚とされている。

貞観3(861)年に羽黒山に滞在した住宝波伝密九師大和尚は、東北の方向の白狐山(東の森)に瑞雲がたなびくのを見て、霊地であることを感じ、持念仏である十一面観音に一心に祈り続けること数日、和尚のもとに白毛金尾の老狐が現れ、和尚を先導して、現在光星寺となっているこの地まで導いたといわれる。

そこで、僧正は老狐のために、十一面観音、大弁財天、吒枳尼天(稲荷)の三尊をまつる御堂を建立したというのが本寺の始まりであると伝える。

この老狐は、本寺隣の「宇賀の森」に隠れ住み、常に和尚に随従して守護したともい

われている。

本堂に向かって右手の東の森は庄内地方の「モリ供養」習俗の霊地

光星寺の本堂には、釈迦如来、普賢菩薩、文殊菩薩が安置されている。白毛金尾の老狐が住宅波伝密九師大和尚を導いたとされる本堂右手の東の森には、東の森地蔵尊を安置した光明堂がある他、出羽三山信仰に基づいた「モリ供養」という庄内地方独特の習俗（国指定無形文化財）の霊地となっている。

庄内地方では、モリあるいはモリの山と呼ばれる、里にほど近い山やこんもり茂った森などに死者の霊がとどまると考えられてきた。毎年旧盆明けに花や供物などを持参して死者の供養を行う習俗が残っている。

老狐が隠れ住んだといわれる本堂左手の宇賀の森には、弁財天（護国宇賀神王菩薩大弁財尊天）が安座している。

また、本堂手前の檀信徒会館には、十一面観音菩薩、馬頭観音菩薩、本寺ゆかりの白狐観音菩薩、曹洞宗開祖の道元禅師ゆかりの梅花観音菩薩が安置されている。

◆御朱印

◆御詠歌

つきともに
あまねくてらす
こうしょうじ
のりのひかりを
あきらかにみん

住所・山形県東田川郡庄内町三ケ沢字中里47　電話・0234-56-2533　アクセス・JR狩川駅より車で8分　駐車場・あり

庄内
三十三観音
SHONAI
第7番札所

寺尾山　法光院

御本尊
如意輪観世音菩薩

元々は当地の産土神を祀る春日神社ゆかりの神社だった

法光院の創建は平安時代初めの大同2（807）年とも、仁寿3（853）年ともいわれる。また、当時の当地の領主であった藤原北家の藤原常嗣によって開かれたのが始まりともされている。

その創建当初は、鶴岡市黒川字仲村の六所神社の別当寺院で源心山宝光院と称し、現在の鶴岡市黒川椿出付近にあった。その後、春日神社の別当になった際に寺尾山と呼ばれていた当地に移転した時に、その地名の寺尾山を山号とし、寺号を法光院に改めたという。このように、寺尾山法光院は神仏混淆であった。

春日神社の祭神は当地一帯の産土神とされてきたことから、鶴ケ岡城が大宝寺城とよばれていた頃の城主の武藤氏や、山形城の城主の最上家の祈願所として保護された。

庄内藩主酒井氏の庇護も受け 神社能も盛んに行われた

江戸時代になってからも、庄内藩主となった酒井氏から崇敬庇護され、引き続き酒井氏の祈願所となった。そのため、江戸時代には、藩主酒井家に謁見出来る御目見格という破格の待遇も受けていた。こうしたこともあって、法光院には多くの能面や能装束が寄贈され、残されている。神社能は同寺が発祥ともいわれる。

正徳年間（1711〜1715年）には、羽黒山荒澤寺の大恵和尚から庄内三十三観音霊場の第31番札所に選定されたが、その後、理由不詳で解除された。

これは、酒井氏ゆかりの寺であったことが関係していたともいわれているが、真相は定かではない。ただ、庄内藩が領内に隠密の進入を恐れ、巡礼を差し止められたとの説もある。

昭和に入り西国札所観音を勧請し、再び庄内三十三観音霊場の札所に選定された。

法光院は、明治政府による神仏分離令で、明治8（1875）年に春日神社から分離され、真言宗の寺院となった。

◆御朱印

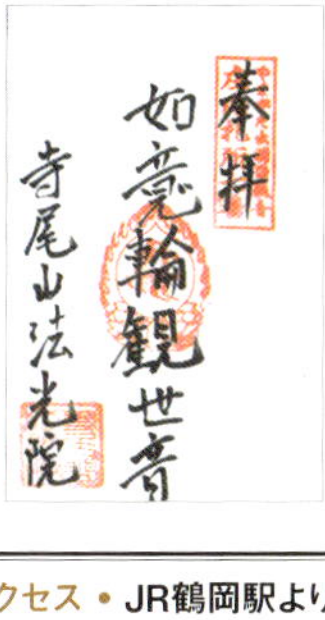

◆御詠歌

すみぞめの
ころもやさらす
くろかわの
なにもみのりの
あらわれにけり

住所・山形県鶴岡市黒川宮の下290　電話・0235-57-3866　アクセス・JR鶴岡駅よりバス宮の下車　駐車場・あり

庄内
三十三観音
SHONAI

第8番札所

椙尾山 地蔵院

御本尊
千手観世音菩薩

椙尾神社の山内寺院として創建
真言宗智山派の寺院

地蔵院の創建・開山の年や経緯などは不明であるが、欽明天皇の御代（540〜571年）に勧請されたと伝わる椙尾神社の別当寺院の一つとして開かれたのが始まりとされている。平安時代に神仏習合が始まったので、地蔵院はそれ以降の創建ではないかとされる。同寺は椙尾神社とともに栄え別当と六坊が僧職として奉祀していた。しかし、明治時代初年神仏分離令により椙尾神社から分離され、廃仏毀釈運動もあって多難の時代を迎えたが、明治22（1889）年になって、五葉松をふんだんに使った堂宇が完成。「五葉松殿」の名で知られるようになった。

同寺の御本尊はかつて一刀三拝の茶の木を彫刻した地蔵尊であったが、現在は江戸中期に京都の音羽山清水寺の千手観音を分霊勧請した千手観世音菩薩となっている。

◆御詠歌

いつのひか
またうままちの
じぞういん
うまれあわせし
きようをよろこべ

◆御朱印

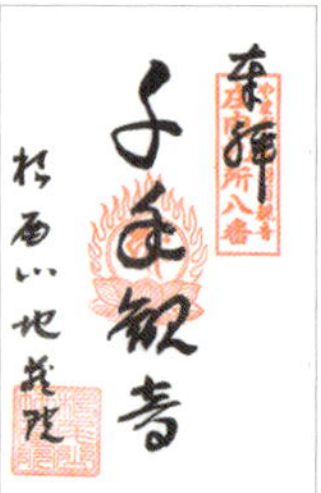

住所 • 山形県鶴岡市馬町枇杷川原97　**電話** • 0235-22-7084（27番井岡寺・御朱印も）
アクセス • JR鶴岡駅よりバス椙尾神社前下車徒歩3分　**駐車場** • あり

庄内
三十三観音
SHONAI

第9番札所

湯殿山 大日坊

御本尊
湯殿山大権現（胎金両部大日如来）

平安初期に空海が開山した即身仏を安置する湯殿山総本寺

大日坊は大同2（807）年に、弘法大師により開創された。大同元年、大師は最初に湯殿山を、最後に高野山を開山したと伝えられる。湯殿山は女人禁制の山で、参拝が難所の霊場であったため、老人女人を哀れんだ大師は大網の聖地に御山の仏神を勧請。同寺は全ての人達の礼拝所となり、全国から参拝者が訪れた。

江戸時代、春日局の援助で大日堂が再建され、庄内藩主酒井家からも多大な寄進を受けた。現在の本堂は地滑りにより旧境内から移築され、旧境内地跡には寺院史跡が残る。御本尊は大師が彫った秘仏の湯殿山大権現で、湯殿山御縁年の丑歳と未年に御開帳される。伝鎌倉時代建立の仁王門、飛鳥時代作国重文の金銅釈迦如来立像の他、天明3（1783）年に96歳で入定した即身仏真如海上人など多くの寺宝を拝観できる。

◆御朱印

◆御詠歌

ちかひおく
あまねきみなの
みほとけに
こころをこめて
ねがへおほあみ

住所・山形県鶴岡市大網入道11　電話・0235-54-6301　アクセス・JR鶴岡駅からバス大網下車徒歩20分　駐車場・あり

良茂山　持地院

御本尊
千手観世音菩薩

御本尊は円仁作の観音菩薩 室町時代初期創建の寺院

「酒田大仏」の通称で知られる仏像のある曹洞宗の寺院。創建は応永3（1396）年で、酒田市一帯を支配していた浦地勝太夫が開基、岩手県金ヶ崎の報恩山永徳寺2世の湖海理元禅師を開山としている。

創建当時は小湊村（現・酒田市）にあったが、まもなく小湊海岸を大津波が襲い、多くの死傷者を出した。理元禅師は領主とともに救済にあたり、犠牲者の冥福を祈るために持地菩薩を自ら作り、地蔵堂を建て、以後御本尊として祀った。

長禄3（1459）年に、庇護者であった浦地家が滅亡したことで酒田に移転することになり、さらに江戸時代中期の寛政9（1798）年に現在地に移った。

持地院という院号は、観音普門品偈の中の持地菩薩の名号に由来する。本堂、位牌堂内に多数の仏像が安置されている。御本

尊の千手観世音菩薩は、平安時代の高僧の慈覚大師円仁（第3代天台座主）の作と伝えられ、酒田大観音の胎内仏として安置されている。酒田大観音は西国八十八ヶ所霊場に安置されていたものが遷座されたものである。

「酒田大仏」は金属製の立像として日本一

持地院の酒田大仏（釈迦如来）は高さ17mの銅製の立像で、大正3（1914）年に日清戦争と酒田地震の被害者の鎮魂のため建立された。しかし、現在の酒田大仏は、太平洋戦争中、金属不足の軍に接収され撤去されたしまった。戦後、ようやく平成4（1992）年に至って念願の酒田大仏が再建された。

鎌倉や奈良の大仏は座像であるが、金属製の立像の仏像としては、像高13m。台座を含めた総高17mは、日本最大とされている。

同寺周辺は酒田が北前船の港町として栄えた頃に豪商が競って寄進した寺町建築が多数残っている。近隣の日和山公園には松尾芭蕉の碑など様々な祈念碑がある他、映画「おくりびと」ロケ地も近い。

◆御朱印

◆御詠歌

たのもしや
むかしながらの
つえざくら
よくこそしげれ
いつのよまでも

住所・山形県酒田市日吉町1-4-38　電話・0234-24-1164　アクセス・JR酒田駅よりバス文化センター正面口下車
駐車場・あり

庄内
三十三観音
SHONAI

第11番札所

御本尊
准胝観世音菩薩

見龍山 円通寺

平安時代に遡る歴史を持つ 酒田の国人衆来次氏ゆかりの寺

円通寺は、曹洞宗の寺院である。創建は平安時代の貞観7（865）年とされ、当時の寺号は観音寺で、国分寺に次ぐ寺格の官大寺であったという。

16世紀に入って、酒田一帯を支配した来次氏房が古楯に平城を築いた後、来次時秀（氏房の子）が元亀元（1570）年の頃に、本寺背後の高台（楯山）に観音寺城を新たに築いて、こちらに移った。これによって、同寺は来次氏の菩提寺として庇護を受けるようになったと考えられている。

江戸時代に中興・再建されたが かつての観音寺城の面影を残す

来次氏は、庄内川北を領有していた国人で、その来歴は出羽清原氏に遡るとされるが定かではない。この当時、来次氏は越後の

上杉氏の後援を受けた大宝寺氏に仕え、山形の最上氏と敵対。その後、庄内が上杉氏の領地となると、来次氏は上杉氏に恭順した。

慶長5（1600）年の関が原の合戦の際、越後の上杉景勝に属していた来次氏は西軍に与し敗北。上杉家は米沢に転封となったが、その際、来次氏も酒田を去って米沢に移った。これにより、同寺は庇護者の来次氏を失って衰えた。

天和3（1683）年になって、越前の大叟禅乗大和尚が中興開山した。寛保2（1742）年には火災により焼失したため、現在地に再建された。山門（四脚門）は観音寺城の裏門を移築したものと伝えられ、境内には来次家の墓碑が残っている。本堂伽藍の三の丸紋（寺紋）は、円通寺が来次家から賜った同家の家紋だ。

円通寺の本堂は、平屋建て入母屋造り・桟瓦葺きである。堂内には、御本尊の准胝観世音菩薩像を安置する。准胝観音は密教では女性尊であり、七千万の仏の母で准胝仏母ともいわれる。

その御利益は、諸願成就・修道者守護・無病息災・延命だが、准胝仏母を御本尊に祀ることから、安産や子どもが授かるなどの功徳があるとされる。

◆御朱印

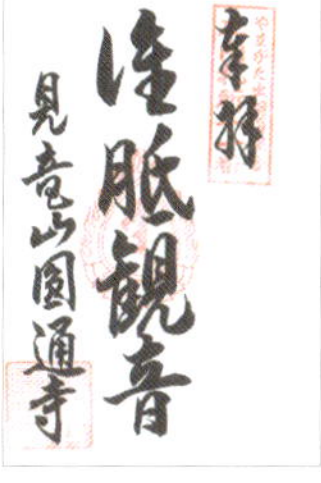

◆御詠歌

のぼりなば
あとふりかへれ
ふもとやま
ぼだいのみちを
いそげともども

住所 • 山形県酒田市麓字楯の腰50　電話 • 0234-64-2163　アクセス • JR酒田駅より車で約25分　駐車場 • あり

庄内
三十三観音
SHONAI

第12番札所

御本尊
聖観世音菩薩

洞瀧山 總光寺

源義経に従った忠臣の佐藤兄弟の後裔が創建した寺

總光寺は寺史によれば、南北朝時代の至徳元・元中元（1384）年に、陸奥国胆沢郡報恩山永徳寺の高僧月庵良圓禅師が峰の頂に薬師仏一体を祀り開山し、伊勢守佐藤正信が創建という約640年の寺歴を持つ曹洞宗の古刹である。

同寺境内にある「佐藤氏家世碑」によれば、同寺の開基者となった伊勢守佐藤正信は、佐藤継信の後裔とされる人物だという。この佐藤氏家世碑の脇には、佐藤家一族を供養するために建立された開基堂がある。

なお、秘仏であり、忠魂堂に安置されている御本尊の聖観世音菩薩は、佐藤正信の夫人が尊崇した仏像であるとされる。源平合戦で源義経に従った奥州藤原氏の家臣の佐藤継信・忠信兄弟は『平家物語』にも登場する。兄継信は源平合戦の屋島の戦いで、源義経の身代わりとなって平教経が放った矢を

受け討ち死にした。

史跡名勝・天然記念物の庭園蓬莱園とキノコスギ

同寺は創建後、戦乱などによる被災と再建を繰り返したが、江戸時代になって庄内松山支藩の酒井家の加護を受け、安定した経営ができるようになった。現在の総光寺の寺観は、その庭園を含めて宝暦6（1756）年の被災後に再建された姿をもとにしたものになっている。

酒田市指定文化財となっているケヤキ造りの總光寺山門に向かって伸びる参道の両側に並ぶ約120本のキノコスギは、江戸時代の初め元和年間（1615～1623年）に28世儀春和尚が植樹した日本海側に特有のスギの変種で美しいキノコ形に整えられている。昭和31（1956）年に、山形県の天然記念物に指定された。

本堂の裏にある蓬莱園は江戸時代後期の作とされ、小堀遠州流の様式を取り入れているといわれる。池・泉・築山を配し、春のつつじと秋の紅葉の美しい庭園である。この蓬莱園は平成8（1996）年に「總光寺庭園」の名称で国の名勝となった。

◆御朱印

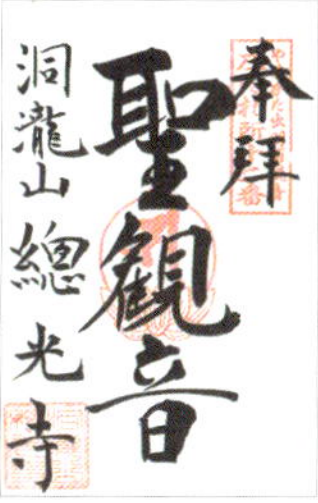

◆御詠歌

としをへて
よもやかれじの
このさくら
なかやまでらの
あらんかぎりは

住所・山形県酒田市総光寺沢8　電話・0234-62-2170　アクセス・JR余目駅より車で15分　駐車場・あり

庄内 三十三観音
SHONAI
第13番札所

御本尊 聖観世音菩薩

東林山 宝蔵寺

中世の余目の国人・安保氏との関りが深い曹洞宗の古刹

御本尊の聖観音菩薩が古くから信仰を集めてきた曹洞宗の寺院である。同寺は荘内平和観音百八霊場第22番札所でもある。

創建は室町時代中期とされており、当時この一帯を治めていた国人の安保氏ゆかりの寺で、同じ曹洞宗の市内の古刹である洞瀧山總光寺も同寺の創建に深く関わっている。当時、出羽余目館（余目城）の城主としてこの一帯を治めていた安保太郎助形が開基となり、洞瀧山總光寺2世の湖月大和尚を召還して開山したためである。

出羽余目館（余目城）の築城年代は定かではないが南北朝時代に安保氏によって築かれたと伝わっている。現在、館跡には庄内三十三観音第14番の梅枝山乗慶寺がある。安保氏は武蔵七党の一つ丹党を構成した武士団で、源氏や北条氏、足利氏などに従って戦功を挙げ所領を得たが、その一つが出羽

国余目であった。余目の安保氏は16代続いたとされるが、天正3（1575）年に出羽武藤氏と戦って敗れ滅亡した。

境内奥の羽黒池に出現した聖観音菩薩が同寺の御本尊

宝蔵寺は、高台に建立されている。長い階段を登り、朱色の柱に切妻・瓦葺きの山門を潜ると、入母屋の瓦葺きの素朴な本堂が見えてくる。向拝の屋根が切妻の妻面を正面としている印象深い特徴を持った建物である。

同寺の御本尊・聖観音菩薩は、両手を前に出している珍しい姿をしている。この聖観音菩薩は、宝蔵寺誕生の縁起と深い関わりがある。室町時代中頃、現在の境内の奥にある羽黒池が、突如として霊光を発したので奇異に思い池に近づいてみると、神々しい光を放つ聖観音菩薩が出現したと伝えられているからだ。このことで、この地に宝蔵寺が建立されることになったというわけである。また本堂裏には灌漑用水池（ちまき池）があるが、この池の周辺には三十三観音石像が安置されており、ここを訪れて手を合わせる参詣客も多い。

◆御朱印

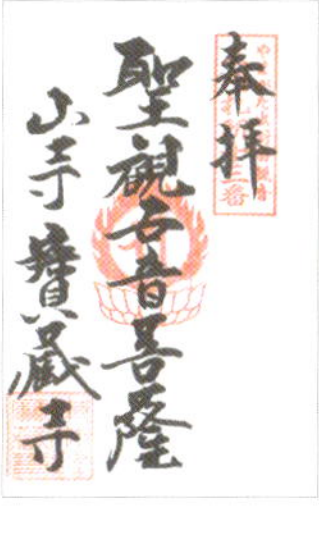

◆御詠歌

おのづから
ひらくたからの
くらなれば
いつかはつもる
のりのやまでら

住所 • 山形県酒田市山寺字見初沢154　電話 • 0234-62-2169　アクセス • JR南野駅から徒歩45分　駐車場 • あり

梅枝山 乗慶寺

御本尊
如意輪観世音菩薩

中世の領主安保氏の居館跡にある南北相時代創建の寺院

乗慶寺は、中世にこの一帯を治めていた国衆の安保氏の居城・居館であった出羽余目館近くにある。南北朝時代になって、時の余目城主の安保太郎形助氏の菩提寺として、曹洞宗の高名な僧・大初継覚によって開山された寺院である。

境内は老木大樹が生い茂り、その木立の中に、間口13間（24ｍ）、奥行9間半（17ｍ）の大本堂、地蔵・観音・薬師・文殊などの御本尊を安置した5棟の位牌堂、丈25㎝の1000体の木彫地蔵仏が鎮座する西序殿。余目城主安保家歴代の供養ため建立された五輪塔、前大戦のインパール作戦で師団の撤退を命じて1万数千人の部下の命を救った、佐藤幸徳中将の追慕の碑などがある。また、庄内町の文化財の三間四方の釈迦大涅槃像をはじめ、応永23（1416）年の『梅山聞本の筆蹟』一幅などが残る。

◆御朱印

◆御詠歌

ありがたや
みにあまるめの
じょうけいじ
ともにたのむは
このよのちのよ

住所・山形県東田川郡庄内町余目字舘27　電話・0234-42-3410　アクセス・JR余目駅より車で5分　駐車場・あり

庄内
三十三観音
SHONAI

第15番札所

御本尊
聖観世音菩薩

本居山 龍澤寺

室町時代からの寺歴の寺院は總光寺7世の茶室が始まり

龍澤寺は、松山町の辰ヶ湯温泉近くにある曹洞宗の寺院。莊内平和観音百八霊場第18番札所でもある。また同寺は、酒田市の洞瀧山總光寺（庄内三十三観音第12番）の末寺という位置づけになっている。

創建は、今から約550年前の室町時代で、總光寺7世の通庵春察大和尚の隠居用の茶室として作られたのが始まりとも伝わる。創建時は茗ヶ沢の沢入という地区にあったが、約250年前に焼失し現在地に再建された。境内には「大古淵」と呼ばれる霊地（池）があり、干ばつの際には雨乞いの祈祷が行われたとされる。御本尊の聖観世音菩薩は、金箔で覆われた丈2尺の精巧な彫刻が施されている仏像で、作者や制作年代は明らかになっていないが、その姿形や衣紋の流麗さなどから、奈良時代謹作ではないかという指摘もあるという。

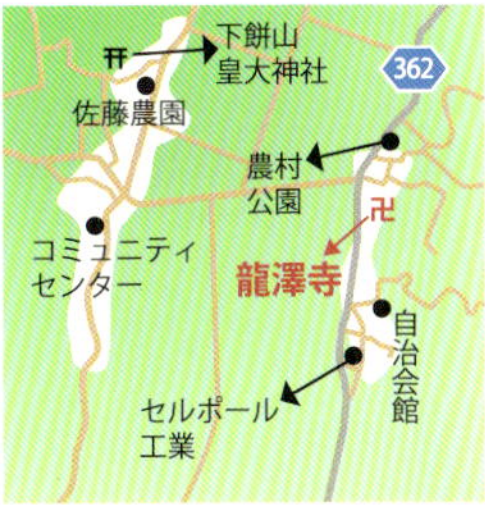

◆御詠歌
いのるより
はやあらはるる
みょうがさわ
のちのよかけて
われをむかへよ

◆御朱印

住所・山形県酒田市茗ヶ沢沢尻140　電話・0234-23-3315　アクセス・JR砂越駅より車15分　駐車場・あり

庄内 三十三観音
SHONAI

第16番札所

御本尊 十一面千手観世音菩薩

松河山 海禅寺

本尊の観音像は庄内一の大きさ 胎内に文殊菩薩が納められている

海禅寺の創建は慶長17（1612）年で、同じ遊佐町内にある永泉寺17世の正禅海安大和尚により開かれた。永泉寺は7世紀に役行者が鳥海山の中腹に開いた道場が起源とされ、弘仁14（823）年に慈覚大師が寺を建立。さらに、南北朝時代の永徳2／弘和2（1382）年に現地に移ったという鳥海山山岳信仰の拠点でもあった寺院である。曹洞宗の寺院である海禅寺も、その影響を受けているという。

御本尊の十一面千手観世音菩薩は、ひめ小松の一本造りで高さ4・8mと庄内一の大きさを誇る。その胎内には、酒田市の加藤安太郎氏から寄贈された文殊菩薩が納められている。鳥海ブルーライン吹浦口側の海岸の岩場に彫られた十六羅漢は、本寺21代の寛海和尚の発願で明治元（1868）年に完成したもので、遊佐町指定名勝である。

◆御詠歌

よそならじ
ここふだらくの
らかんいわ
きしうつなみを
いながらにきく

◆御朱印

住所・山形県飽海郡遊佐町吹浦横町54　電話・0234-77-2101　アクセス・JR吹浦駅から徒歩10分　駐車場・あり

庄内
三十三観音
SHONAI
第17番札所

薬王山 東光寺

御本尊
十一面観世音菩薩

庄内三大霊仏の一つを本尊とする鎌倉時代創建の寺院

東光寺は、弘安2（1279）年、真言宗の慈念徳法阿闍梨によって創建され、天正年間（1573〜1592年）に宗俊が曹洞宗に改宗し、再興したと伝えられている。宗俊は、戦国時代から江戸時代前期にかけて出羽の有力大名であった最上義光の重臣・志村伊豆守光安の異母弟である。義光が庄内を領有することになった際、志村伊豆守光安に酒田亀ヶ崎城を与えた。この当時、宗俊は東光寺に迎え入れられたという。

同寺の御本尊は、庄内三大霊仏の一つとされる十一面観世音菩薩である。奈良時代の養老2（718）年、酒田の港で光を放っていた浮木から九尊を御刻され、本木三尊を高寺照光寺に、中木三尊を同寺に、末木三尊を羽黒山にそれぞれ安置したという言い伝えが残っている。近年建立された観音堂には、高さ7mの平和大観音が鎮座する。

◆御朱印

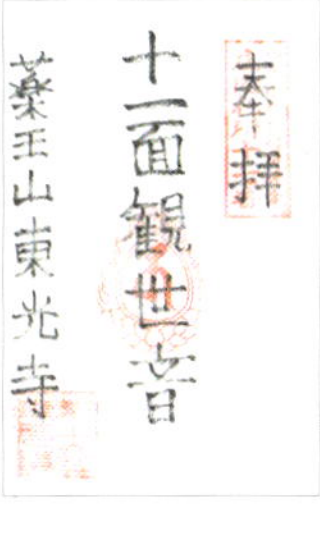

◆御詠歌

ただたのめ
いらかもたかく
とぶとりの
あすかのてらの
ひろきちかひを

住所・山形県酒田市飛鳥大道端104　電話・0234-52-3366　アクセス・JR砂越駅より徒歩10分　駐車場・あり

庄内
三十三観音
SHONAI

第18番札所

生石山 延命寺

御本尊
聖観世音菩薩

南の羽黒・北の鷹尾といわれる鷹尾修験道の聖地

延命寺は、酒田市生石の大森山に境内を構えている真言宗智山派の寺院。創建年は不詳だが、開基は弘法大師空海とされる。鷹尾山修験道十八坊および周辺の別当寺院であった可能性も指摘されている。

寺伝によれば、最盛期には18ヵ寺の末寺、3000あまりの宿坊を擁して、密教の修験道場として羽黒山修験道と双璧をなして栄えたという。平安時代末期の天喜年間（1053～1058年）に、源頼義が同寺で前九年合戦の戦勝祈願を行い「大般若経」転読を命じたと伝えられている。また、南朝の北畠顕信が、守永親王を奉じて潜匿したなどの言い伝えもある。

その後衰退したが、元亀元（1570）年に、大日山長宗上人が再興したという。御本尊の聖観世音菩薩は秘仏となっており、楠材一本造りの等身大で平安時代の作。

◆御詠歌

あらたなる
のりのしるしに
おほいしの
おもきさわりも
いまはのこらず

◆御朱印

住所・山形県酒田市生石大森山164　電話・0234-94-2361　アクセス・JR酒田駅より車で15分　駐車場・あり

御本尊
薬師如来

鳥海山 龍頭寺

鳥海山修験道の拠点として栄えた 鳥海山麓の密教寺院

龍頭寺は遊佐町の東南端の鳥海山麓に位置する、真言宗智山派の寺院である。

寺内からは近隣の眺望がよく庄内平野などを眺め、鳥海山大物忌神社蕨岡口ノ宮が隣接する。同寺の詳細な史料は残っておらず、一説では平安中期に新義直公の開基ともあるが、寺伝では大同２（８０７）年に慈照上人が開基したと伝えられてきた。

蕨岡（通称上寺）地区は鳥海山修験道の最大の拠点であり、同寺は江戸時代中期には蕨岡の修験道場（蕨岡三十三坊）を率いる学頭寺（別当学頭職）の地位にあったが、明治の神仏分離で復飾せず仏教寺院にとどまった。

龍頭寺境内は国指定史跡鳥海山に、本堂・開山堂・観音堂は国登録有形文化財に指定。本堂には鳥海山山頂本地佛の薬師如来が、観音堂には身丈３・６ｍの平安前期作の十一面観音が安置されている。

◆御朱印

◆御詠歌

よにひろき
ちかひはつきじ
とりのうみ
ちひろのそこを
よしはかるとも

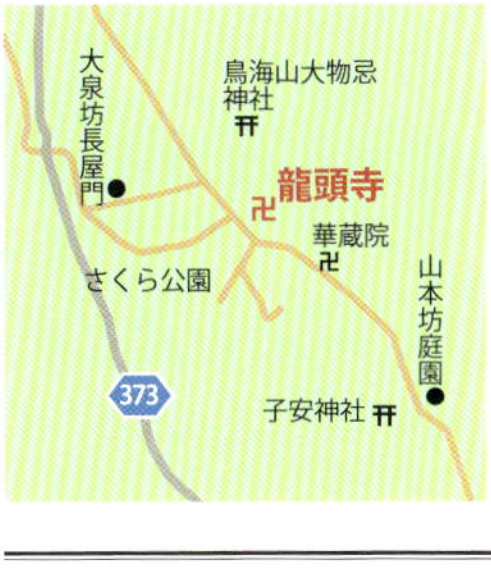

住所・山形県飽海郡遊佐町上蕨岡松ヶ岡45　電話・0234-72-2553　アクセス・JR遊佐駅より車10分　駐車場・あり

御本尊
聖観世音菩薩

春王山 光国寺

酒田の花街にあった羽黒修験の拠点となった寺院

かつては羽黒修験の酒田・飽海地区の拠点であった真言宗醍醐派の寺院。周辺は江戸時代から花街として栄え、現在も料亭があり独特の雰囲気が残されている。同山旧記には、観音堂は、永正年間（１５０４〜１５２１年）に出羽亀ヶ崎城の西方に知慶法師が開創したとある。

同寺に祀られている御本尊の聖観世音菩薩は、春日神工の作で、当寺に伝わって御堂を建立して観音菩薩を安置したという。境内にある本堂・釈迦堂・馬頭観音堂・仁王門などの伽藍も壮麗で隆盛を極めたという。しかし、江戸時代中期の火災で灰燼に帰した。現在の建物は、大正時代になって再建されたものである。観音堂の屋根の剣かたばみの紋は、亀ヶ崎城主の紋。これはもともと第20番札所であった同寺が、亀ヶ崎城の中にあったことを示す証拠である。

◆御朱印

◆御詠歌

これやこの
うききにあへる
かめがさき
かかるみのりの
よにうまれきて

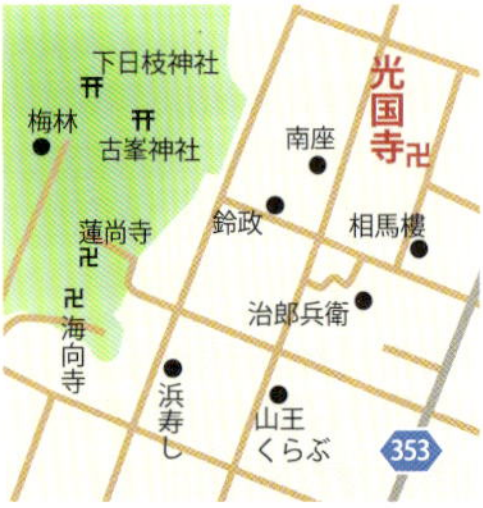

住所・山形県酒田市日吉町1-3-8　電話・0234-22-1653　アクセス・JR酒田駅から徒歩20分　駐車場・あり

鳥海山 松葉寺

御本尊
如意輪観世音菩薩

明治の神仏分離の際に多くの本地仏を収容した寺院

松葉寺の創建は、平安時代中期の万寿年間（１０２４～１０２８年）で、乃善和尚によって開山されたと伝えられている。明治の神仏分離が行われるまでは鳥海山大物忌神社神宮寺の学頭であった。しかし、幕末からの戊辰戦争で官軍だった久保田藩と奥羽越列藩同盟に属した庄内藩が戦闘状態となり、同寺も兵火に見舞われ多くの寺宝、記録などが焼失した。

そして、明治初年の神仏分離令によって多くの神宮寺が廃寺となったため、大物忌神社が本地仏としていた薬師如来像、摂社月山神社の本地仏である阿弥陀如来像、末社雷風神社の本地仏である千手観音像、三崎神社（太子堂）の慈覚大師尊像が消失をまぬがれて、同寺に移されることになった。この中で薬師如来座像・阿弥陀如来座像は、遊佐町指定文化財に指定されている。

◆御朱印

◆御詠歌

みはるかす
よものやまかは
とりうみの
たかきをあほぐ
めがのしらなみ

住所・山形県飽海郡遊佐町吹浦丸岡148　電話・0234-94-2361（18番延命寺・御朱印も）
アクセス・JR吹浦駅から車で10分　駐車場・なし

庄内
三十三観音
SHONAI

第22番札所

御本尊
観世音菩薩

清流山 洞泉寺

起源は、平安時代初期 空海ゆかりの観音堂に始まる

洞泉寺は江戸時代初期の正保4（1647）年に、正法寺（鶴岡市大山）の第14世諦翁運察大和尚が開山した曹洞宗の寺院である。しかし、同地に祀られる観音堂の歴史はそれより遙かに古く、平安時代の大同2（807）年開創といわれ、弘法大師が一刀三礼の千手観世音菩薩の霊像を安置したことに始まると伝えられている。

大師が東北巡錫の際、赤川に梵字の流れ来るのを観じて、上流に湯殿山を開き、戌子の方向に当たるこの地を光明の地として霊場と定められた。猪子の村名は方角を指して呼んだのが、いつの頃からか猪子と書かれるようになったという。

江戸時代には武家の信仰が厚く、鉄銅の小像を鋳て納める風習があったようである。大正6（1800）年に洞泉寺境内地に遷座された。

◆御朱印

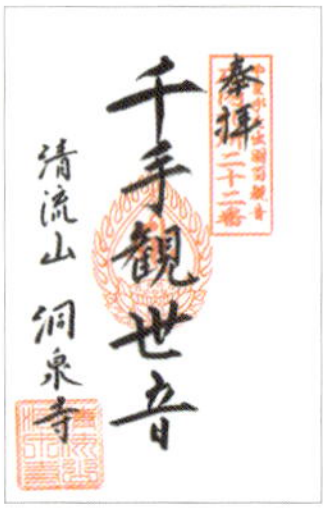

◆御詠歌

たづねいる
ひとこそかわれ
とくのりの
あまねきかどの
てらゐなりけり

住所・山形県東田川郡三川町猪子甲85　電話・0235-66-2023　アクセス・JR鶴岡駅からバスイオンモール三川下車徒歩15分
駐車場・あり

庄内
三十三観音
SHONAI

第23番札所

御本尊
聖観世音菩薩

光国山　勝伝寺

播磨赤松氏の遺臣とも関わる室町時代創建の曹洞宗寺院

勝伝寺の開山は越後（新潟県）村上の霊樹山耕雲寺の第7世・審厳正察禅師とされる。師は仙台市にある輪王寺から村上に転任したが、末寺建立のため努力した。同寺は耕雲寺の末寺として延徳3（1491）年に、開山したといわれている。

天正年間（1573～1592年）、播磨の赤松則村は足利氏と戦って敗れた。赤松の家臣が羽黒山を頼って奥羽に逃れた後、羽黒山にあった天台宗の宝蔵院とともに羽黒から、同寺のある鶴岡市播磨に居を構え、この地を開墾し定着したとされる。赤松氏の遺臣図書守・兵庫守は現在まで屋号として残っており、同寺の檀家となっている。

御本尊の聖観世音菩薩は、鎌倉時代の作とされ、胎内にもう一体の観音菩薩像を収めていることから「身ごもり観音」とも呼ばれる。

◆御朱印

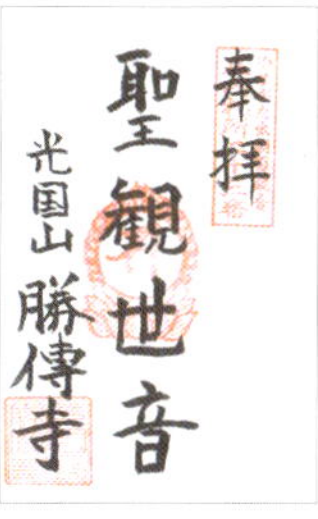

◆御詠歌

はりまなる
しかまにとほき
はてまでも
のりをおもへば
ちかよりぞゆく

住所 • 山形県鶴岡市播磨乙43-44　電話 • 0235-29-2279　アクセス • JR鶴岡駅より車5分　駐車場 • あり

庄内
三十三観音
SHONAI

第24番札所

萬歳山 冷岩寺

御本尊
十一面観世音菩薩

起源は室町時代の天台宗寺院
その後曹洞宗の寺に改宗

冷岩寺は文禄年間（1592〜1596年）に、山形城主・最上義光の家臣・北楯大学利長の祈願所として創建された天台宗の寺院であった。その後、慶長5（1600）年に、鶴岡の総穏寺3世の頼山祖慶和尚によって、改めて曹洞宗の寺院に改宗した。同寺の本堂は安永7（1778）年に再建されたもので、幸い火災などにあわず現存する。

御本尊の十一面観世音菩薩は、昭和25（1950）年に、兵庫県宝塚市の紫雲山中山寺より分霊したもので、彫刻家の森野圓象が新たに制作して開眼し、平和観音として安置した。

また、同寺に安置されている33体の像は、第22世霊山潭龍和尚が、江戸時代末期（安政の頃）に西国霊場を3回にわたり巡錫した際、各霊場の土砂を使って謹作したものである。

◆御詠歌

かりかわや
かりのよながら
きただての
ながればかりは
かるることなし

◆御朱印

住所・山形県東田川郡庄内町狩川阿古屋42　電話・0234-56-2141　アクセス・JR狩川駅より徒歩10分
駐車場・あり（大型バス可）

庄内
三十三観音
SHONAI

第25番札所

明石山　龍宮寺

御本尊
聖観世音菩薩

慈覚大師開基の平安前期創建 同師作の御本尊を安置する

毎年6、7月頃、遥か沖合に、鯨が姿を現すことでも有名な天台宗の寺院である。龍宮寺の創建は、いまを遡ること1200年前、平安前期の天安2（858）年7月9日とされ、第3代天台座主慈覚大師円仁の開基とされる。

大師は清和天皇の勅を奉じて、奥羽地方を巡錫中、加茂付近が大干ばつで住民が苦しんでいるのを見て、同寺を道場山としたという。その結果、干ばつは止まり大豊作になったことで、竜宮殿に聖観世音菩薩を祀って同寺を開基し、明石山龍宮寺と称したという寺伝が残っている。この聖観世音菩薩が御本尊で、慈覚大師の御作という。

その後、龍宮寺は平安後期に、鳥羽天皇の皇子で、延暦寺・法性寺座主を兼任した覚快法親王によって中興された。以来、その法灯を伝承し今日に至っている。

◆御朱印

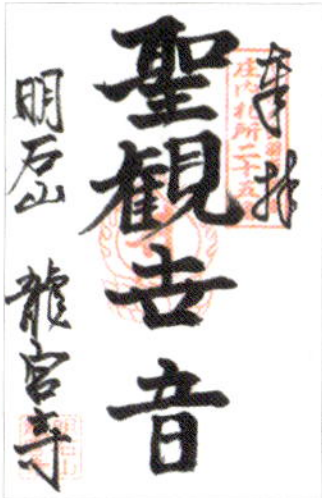

◆御詠歌

たつのみや
ちひろのそこの
うろくづも
もらさですくふ
めぐみたのもし

住所・山形県鶴岡市加茂弁慶沢195　電話・0235-33-3879　アクセス・JR鶴岡駅より車で30分
駐車場・あり（バス1台分）

庄内三十三観音
SHONAI
第26番札所

大日山　長福寺

御本尊
十一面観世音菩薩

御本尊の十一面観世音菩薩は聖徳太子作と伝えられる秘仏

長福寺の開創は平安初期の大同2（807）年とされるが、飛鳥時代から奈良時代にかけて活動した行基の開基ともいわれる。そうなると、同寺の起源はさらに遡ることになる。

慶長17（1612）年、山形藩主・最上義光から寺領を拝領し、その後庄内藩主が酒井氏に代わってからも、そのまま存続した。貞享年間（1684〜1688年）に、真言宗豊山派の長谷寺（奈良県桜井市）の末寺となって、県下唯一の直末寺院として栄えた。

御本尊の十一面観世音菩薩は、聖徳太子作と伝えられる秘仏である。また、一幅に1000体余りの仏が描かれた、縦185cm・横153cmの「三千像佛画像」（三幅）は、天台僧・恵心僧都源信の作とされ寺宝となっている。この他、石造大日如来は、笠塔婆、卒塔婆は鎌倉時代の作とされる。

◆御朱印

◆御詠歌

わきかへる
いでゆにひとを
たすくるも
みなだいじひの
ちかひならずや

住所・山形県鶴岡市湯田川乙35　電話・0235-35-2226　アクセス・JR鶴岡駅より車で15分　駐車場・あり

庄内
三十三観音
SHONAI

第27番札所

御本尊
勢至観世音菩薩

大日山 井岡寺

淳和天皇の皇子が開いたとされる平安初期を起源とする古刹

井岡寺は、真言宗智山派の総本山である京都の智積院を本寺とする寺院である。創建は平安時代初めの天長2（825）年、淳和天皇の御代とされる。同天皇の皇子・基貞親王が諸国の霊場を巡拝した際、この地に天皇の勅願所として阿迦井坊遠賀廼井寺を開いたことを起源と伝える。この寺は、御本尊として徳大勢至観世音菩薩を祀り、宝塔・講堂・経蔵・鐘楼・大門などが立ち並ぶ大寺院で、出羽高野とも称された。

その後、廼井寺は治暦年間（1065～1069年）に焼失してしまったが、鎌倉時代に入って将軍（鎌倉殿）の祈願所として再建され、歴代領主の武藤・最上・酒井各氏に保護された。境内の庭園は及栄上人が築造したもので、庄内における名園の一つとされ、京都から持ち帰ったという樹齢400年巨木の枝垂れ桜も有名である。

◆御朱印

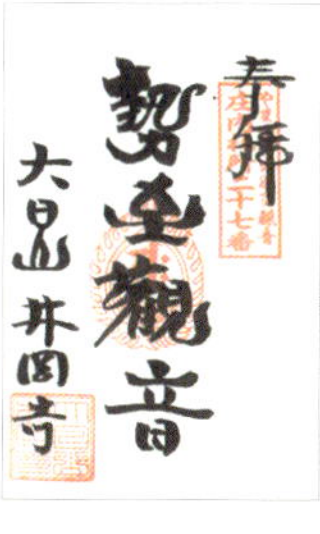

◆御詠歌

ゐの岡や
結ぶつつゐの
水きよき
あかぬみ寺を
またも訪ねん

住所・山形県鶴岡市井岡甲199　電話・0235-22-7084　アクセス・JR鶴岡駅より車で15分　駐車場・あり

庄内
三十三観音
SHONAI

第28番札所

新山　龍覚寺

御本尊
大聖不動明王、聖観世音菩薩

起源は平安時代にまで遡る観音堂は第5代藩主が造営

真言宗豊山派の寺院で、その起源は仁安元（1166）年に、羽黒山の祈願所（遥拝所）として羽黒山の本地仏である正観音菩薩を勧請したのが始まりとされる。その後、2度移転を繰り返し、慶長17（1612）年に現在地に移された。その際、新山権現が勧請されたことから山号を新山に改めた。江戸時代に入って元和8（1622）年に酒井氏が藩主として入封、鶴ヶ岡城を改修して城下町を建設すると、同城の北東方向に位置していた龍覚寺は、鬼門封じの寺院とされ、幕末まで藩主の庇護を受けた。

境内にある観音堂は、第5代藩主・酒井忠義が造営した。創建以来火災にあったことがないため、御本尊は、火防せの観音・厄除け観音・極楽往生するころり観音としても信仰を集めている。堂内には、不動明王三尊・大日如来・勢至菩薩なども安置されている。

◆御朱印

◆御詠歌

よをまもる
のりのしるしに
あらたなる
やまのこずゑに
ありあけのつき

住所・山形県鶴岡市泉町1-13　電話・0235-24-2033　アクセス・鶴岡駅より徒歩10分　駐車場・あり

庄内
三十三観音
SHONAI

第29番札所

修行山 南岳寺

御本尊
聖観世音菩薩

大晦日に賑わう観音堂 聖徳太子作の秘仏を安置

かつては、花街として栄えた鶴岡七日町に柳福寺観音堂があった。柳福寺は、江戸中期に出羽国庄内三十三番所札所の第29番霊場に定められ、多くの参拝客で賑わったが、明治21(1888)年5月8日に七日町一円を襲った大火で全焼し再建がならず、柳福寺の観音堂は南岳寺に所属することになった。観音堂が南岳寺から遠く離れた場所にあり、管理を七日町の町内会が行っている理由でもある。

この観音堂に収められている聖観世音菩薩は、会津若松の慈眼寺三世から奉移された聖徳太子の御作と伝えられているもの。二寸(約6センチ)たらずの小さな木彫の仏像で、大日如来の掌に抱かれるように安置されている。御開帳は、12年に1回の午年のみだが、毎年8月9日と大晦日に祭典が催される。特に大晦日には大いに賑わう。

◆御朱印

◆御詠歌

いくちとせ
くにやさかえん
つるがをか
たえぬみのりの
はなのかざしに

住所・山形県鶴岡市砂田町3-6　電話・0235-23-5054　アクセス・JR鶴岡駅よりバス南岳寺前下車　駐車場・あり

庄内
三十三観音
SHONAI

第30番札所

御本尊
千手観音菩薩

高寺山 照光寺

奈良時代に蜂子皇子が開いた寺院 本尊は33年に一度開帳される秘仏

照光寺は、出羽三山を開いた蜂子皇子（能除太子）の創建とされる。だが、永治元（１１４１）年の山城法印永忠の記録によると、同寺の創建年は、奈良時代の養老２（７１８）年である。

蜂子皇子が羽黒山で修行中、酒田の浜辺で光を放つ桑の大木を見つけ、その本木で造った千手観世音・脇佛十一面観世音・軍茶利明王の三尊を照光寺に、幹の中ほどで刻んだ三尊を飛鳥山に、枝の近くの部分で刻んだ三尊を羽黒山に収めた。これらは、庄内の三大権現とされている。その千手観世音が、照光寺の御本尊となり、御開帳は33年に一度だけという秘仏である。元禄３（１６９０）年の初めての御開帳から、33年後の享保７（１７２２）年６月に開帳されたことから、この33年に一度というルールができて、その後ずっと守られているという。

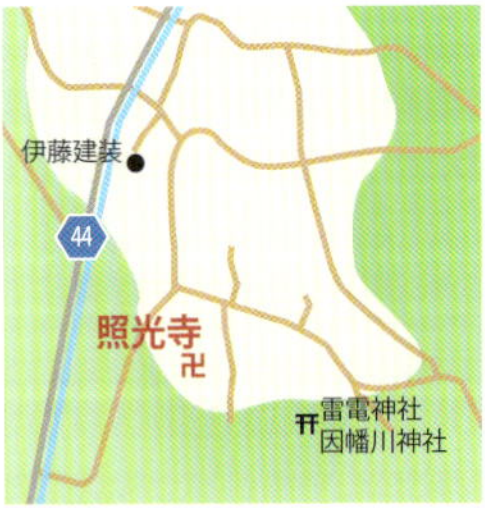

◆御詠歌

たのもしな
めぐみはよもに
たかてらの
やまわけころも
つゆにぬれても

◆御朱印

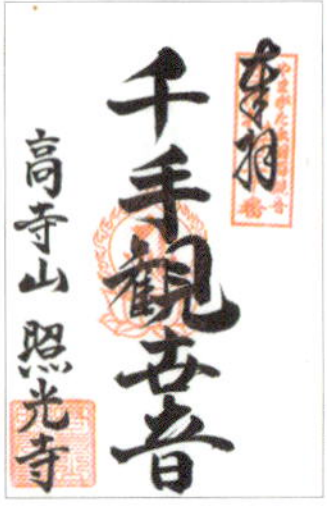

住所・山形県鶴岡市羽黒町高寺南畑76　電話・0235-73-2324／0235-62-2724（渡部）
アクセス・JR鶴岡駅より車で15分　駐車場・なし

庄内
三十三観音
SHONAI

第31番札所

湯殿山　注連寺

御本尊
聖観世音菩薩

空海の湯殿山開山の歴史を伝える平安時代初期に創建された古刹

注連寺は、森敦の芥川賞受賞作品『月山』の舞台となったことで注目を集めた。その創建は、平安初期の天長2（825）年8月とされ、開山は弘法大師空海である。

大師が湯殿山を開いた際、現在注連寺のある大網の村落に立ち寄り、桜の老木に七五三縄を張り、袈裟をかけ護摩壇をつくり、49日間にわたって大日如来に祈願したことで湯殿山の霊場としたことがきっかけという。その後、女人禁制の地と定めて、堂宇を建立し、大師自ら一刀三礼の金胎両部大日如来を刻んで、これを御本尊とし安置したというのが開山縁起となっている。

御本尊は、珍しい御香仏の聖観音菩薩で、御水尾天皇の供養のために樒の葉を香とし、その灰を練り固めて造立された。境内には、縁起を今に伝える「七五三掛桜」があり、鉄門海上人の即身佛も安置される。

◆御朱印

◆御詠歌

かのきしに
ねがひをかけて
おほあみの
ひくてにもるる
ひとばあらじな

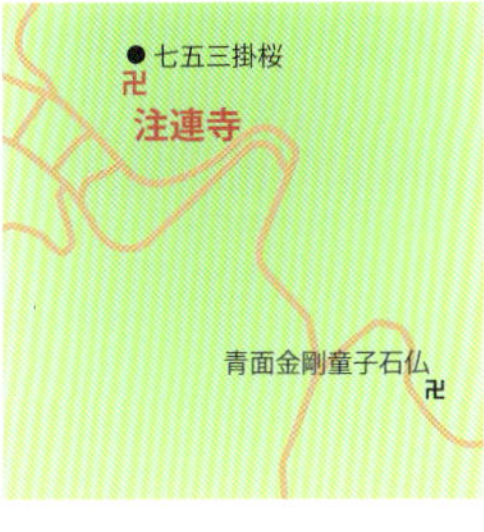

住所 • 山形県鶴岡市大網中台92　電話 • 0235-54-6536　アクセス • JR鶴岡駅より車で40分　駐車場 • あり

庄内
三十三観音
SHONAI

第32番札所

御本尊
千手観世音菩薩

太白山 吉祥寺

南北朝時代に武藤持氏が創建した三石仏でも知られる曹洞宗の寺院

吉祥寺の創建は正平元（1346）年。当時の大梵寺城（鶴ヶ岡城）の城主であった武藤持氏が、徹山旨廓禅師（金沢市の大乗寺5世）を招いて開山した。

徹山旨廓が湯殿山注連寺を訪れた際、持氏は大病を患っており、祈祷を頼んだところ断られ、何度も懇願し、ようやく大梵寺城で祈祷が行われた。すると、たちまち大病が平癒したため、寺院を造営したと伝える。創建当初は母狩山の麓にあった。

境内の「三石仏像供養塔」は、延宝4（1676）年に、鶴岡の相良奥右ェ門が寄贈した、薬師如来・観音菩薩・千手菩薩の三体の石仏を祀ったもの。17世紀の仏像は、庄内でも希少で、その中でも三石仏像供養塔は、建立年月日や、その経緯などの伝承がしっかりしていることから貴重な文化財となっている。

◆御朱印

◆御詠歌

ちよをへて
しげれるすぎの
いたいがは
ながれてきよき
のりのみなかみ

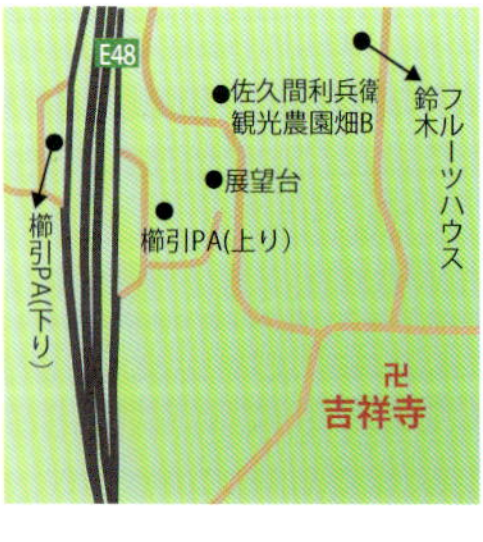

住所 • 山形県鶴岡市板井川村西43　電話 • 090-4886-2607（佐藤）　アクセス • JR鶴岡駅より車で15分　駐車場 • あり

庄内
三十三観音
SHONAI

第33番札所

金峯山 青龍寺

御本尊
如意輪観音菩薩・普賢菩薩

空海・円仁開山の縁起を持った平安時代から続くという古刹

創建は弘仁13（821）年というが、その歴史はさらに遡り、文部省指定景勝地となっている金峯神社と同時期ともいわれる。

弘法大師が湯殿山開山の帰途に霊夢で、金峯山の麓の猿田池に怪竜がすみ、田畑を荒すのみか人畜にも害を及ぼしていることを知り、猿田池に立ち寄り護摩を修したところ、青色の竜が姿を現して苦痛のすえ中天に昇ったとの言い伝えがある。

これに住民が歓喜して、金峯山中腹にあった竜ヵ寺を猿田池の畔に移して青竜寺と改めたという。一方、『又来迎寺年代記』によれば、慈覚大師の開山で、弘仁3（812）年建立とされる。また、天安2（858）年説もあるが、弘仁3年説が有力とされているようである。御本尊は、慈覚大師が金峰山の中腹に位置する中の宮に、七間四面の中堂を建立した時に安置した如意輪観音を祀る。

◆御詠歌

めぐりきて
こがねのみねに
のぼるみは
はすのうてなの
いろとこそみれ

◆御朱印

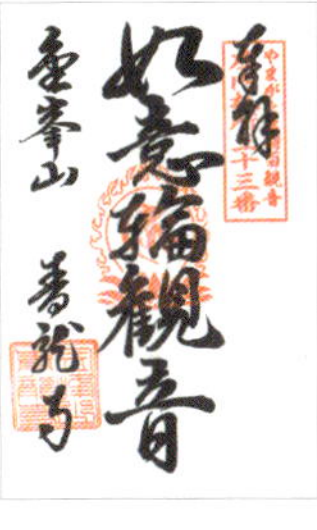

住所 • 山形県鶴岡市青龍寺金峰6　電話 • 0235-24-2033（28番龍覚寺・御朱印も）　アクセス • JR鶴岡駅より車で40分
駐車場 • あり

慶光山 観音寺

御本尊
十一面観音菩薩

亀ヶ崎城内に安置されていた道元禅師作の十一面観音菩薩

観音寺（亀ヶ崎十一面観音堂）は、亀ヶ崎城ゆかりの寺院である。酒田の亀ヶ崎城は、武藤（大宝寺）氏の東禅寺城がその前身。越後上杉氏・武藤（大宝寺）氏と山形の最上氏の間で庄内の領有をめぐる攻防があり、一時期は上杉氏の所領となっていたが、慶長5（1600）年の関ヶ原の戦い後、最上氏が領有することになり、最上氏重臣の志村伊豆守光安が3万石を与えられ、亀ヶ崎城と改めた。

志村光安の亀ヶ崎城入城の際、十一面観世音菩薩を勧請し姿雄律師を招いて祭祀を司ったのが観音寺の始まりと伝えられている。

御本尊の十一面観音菩薩は、曹洞宗開祖の道元禅師の作とされている。禅師が中国から帰国する船上で暴風に遭った際、観音菩薩が現われて禅師を助けた。禅師は無事

帰国を果たした後、船上に現れた観音菩薩の姿を模して彫り込んだものが、この十一面観音菩薩と伝える。

この像はその後、豊臣秀吉の手に渡り、最上義光が賜り、さらに志村光安が義光から与えられ、志村家の守り本尊としたものとされている。

観音寺は酒井氏の時代に再建
鵜渡川原の観音堂に本尊が安置

志村光安の亀ヶ崎城入城後しばらくの間は二の丸の北隅に小堂を設け安置していた。これが慶光山観音寺のはじまりである。

しかし、慶長19（1614）年に2代志村光惟が暗殺され、さらに元和8（1622）年に、主家の最上家が御家騒動で改易になると、観音寺も衰退を余儀なくされてしまった。

その後、庄内には信濃松代藩より酒井忠勝が転封。その酒井氏入部からしばらく後の宝永5（1708）年になって、亀ヶ崎城内にあった観音寺が現在地に移転し、十一面観世音菩薩を鵜渡川原の総鎮守として同寺が再興され、観音堂に御本尊を安置した。現在の観音堂は、幕末の弘化3（1846）年に再建されたものだ。

◆御朱印

◆御詠歌

にごりたる
つみもながれて
うどがはら
こころにうかぶ
じひのつきかげ

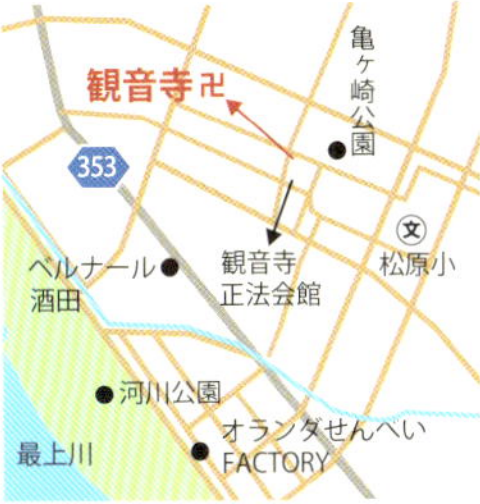

住所 • 山形県酒田市亀ヶ崎5-1-38　**電話** • 080-4518-0688（堀川）／0234-22-4396（阿波）
アクセス • JR酒田駅より車で15分　**駐車場** • なし

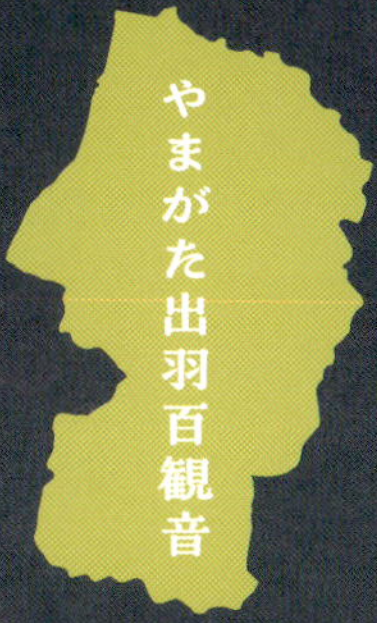

置賜三十三観音

OKITAMA

地域の人々により大切に守られてきた、
今も素朴で厳かな雰囲気に満ちた観音霊場。
観音様の大慈大悲の御心を身近に感じながら
33か所の札所を巡る。

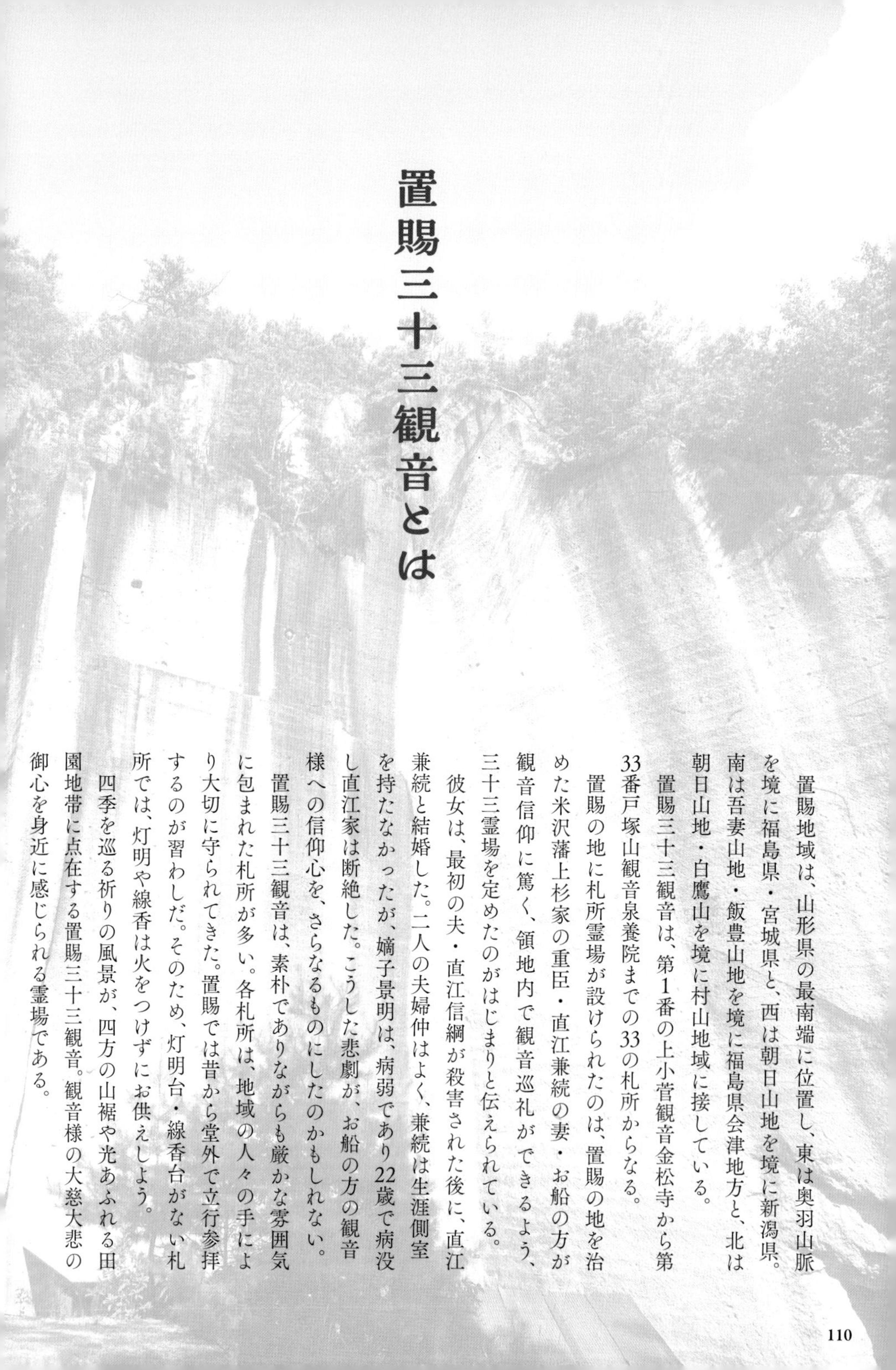

置賜三十三観音とは

置賜地域は、山形県の最南端に位置し、東は奥羽山脈を境に福島県・宮城県と、西は朝日山地を境に新潟県。南は吾妻山地・飯豊山地を境に福島県会津地方と、北は朝日山地・白鷹山を境に村山地域に接している。

置賜三十三観音は、第1番の上小菅観音金松寺から第33番戸塚山観音泉養院までの33の札所からなる。

置賜の地に札所霊場が設けられたのは、置賜の地を治めた米沢藩上杉家の重臣・直江兼続の妻・お船の方が観音信仰に篤く、領地内で観音巡礼ができるよう、三十三霊場を定めたのがはじまりと伝えられている。

彼女は、最初の夫・直江信綱が殺害された後に、直江兼続と結婚した。二人の夫婦仲はよく、兼続は生涯側室を持たなかったが、嫡子景明は、病弱であり22歳で病没し直江家は断絶した。こうした悲劇が、お船の方の観音様への信仰心を、さらなるものにしたのかもしれない。

置賜三十三観音は、素朴でありながらも厳かな雰囲気に包まれた札所が多い。各札所は、地域の人々の手により大切に守られてきた。置賜では昔から堂外で立行参拝するのが習わしだ。そのため、灯明台・線香台がない札所では、灯明や線香は火をつけずにお供えしよう。

四季を巡る祈りの風景が、四方の山裾や光あふれる田園地帯に点在する置賜三十三観音。観音様の大慈大悲の御心を身近に感じられる霊場である。

モデルコース　飯豊・南陽方面から米沢・川西・白鷹方面への2泊3日コース

1日目
2 高峰観音 ◀◀◀ 11 萩生観音 ◀◀◀ 4 中村観音 ◀◀◀ 3 黒沢観音 ◀◀◀ 6 時庭観音 ◀◀◀ 5 九野本観音 ◀◀◀ 17 芦沢観音 ◀◀◀ 18 新山観音 ◀◀◀ 30 長谷観音 ◀◀◀ 28 宮崎観音

▶▶▶

12 赤湯聖観音 ◀◀◀ 宿泊 赤湯温泉 ◀◀◀ **2日目** 33 戸塚山観音 ◀◀◀ 23 川井観音 ◀◀◀ 24 桑山観音 ◀◀◀ 15 火の目観音 ◀◀◀ 19 笹野観音 ◀◀◀ 26 遠山観音 ◀◀◀ 1 上小菅観音

▶▶▶

25 赤芝観音 ◀◀◀ 21 小野川観音 ◀◀◀ 宿泊 小野川温泉 ◀◀◀ **3日目** 14 置霊観音 ◀◀◀ 10 宮の観音 ◀◀◀ 32 森観音 ◀◀◀ 31 五十川観音 ◀◀◀ 22 広野観音 ◀◀◀ 9 杉沢観音

▶▶▶

29 松岡観音 ◀◀◀ 13 関寺観音 ◀◀◀ 20 仏坂観音 ◀◀◀ 27 高岡観音 ◀◀◀ 8 深山観音 ◀◀◀ 13/27 朱印所相応院 ◀◀◀ 16 鮎貝観音 ◀◀◀ 7 高玉観音

◆ 志納金について

朱印帳	200 円（朱印のみ）	朱印帳	300 円（朱印墨書）
白衣	200 円（朱印のみ）	重ね印	200 円
御影	100 円	御影／ご詠歌本への朱印	100 円（主印）
御影／ご詠歌本への朱印	200 円（三印）		

※置賜では観音堂と御朱印授与所が異なる場合が多い。147P の御朱印情報を参照のこと。

置賜地域

置賜三十三観音全図

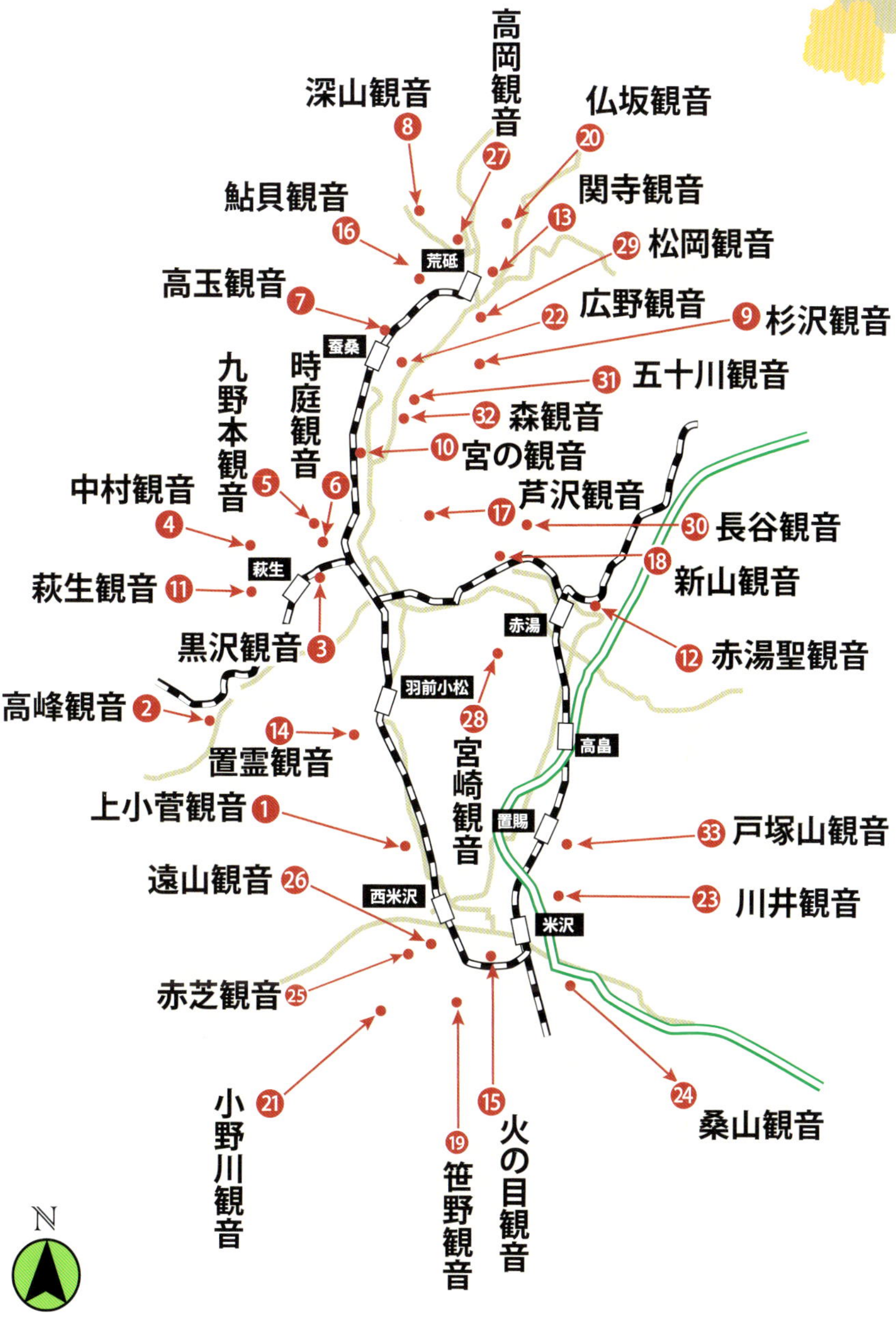

1 上小菅観音
2 高峰観音
3 黒沢観音
4 中村観音
5 九野本観音
6 時庭観音
7 高玉観音
8 深山観音
9 杉沢観音
10 宮の観音
11 萩生観音
12 赤湯聖観音
13 関寺観音
14 置霊観音
15 火の目観音
16 鮎貝観音
17 芦沢観音
18 新山観音
19 笹野観音
20 仏坂観音
21 小野川観音
22 広野観音
23 川井観音
24 桑山観音
25 赤芝観音
26 遠山観音
27 高岡観音
28 宮崎観音
29 松岡観音
30 長谷観音
31 五十川観音
32 森観音
33 戸塚山観音
荒砥
蚕桑
萩生
赤湯
羽前小松
高畠
置賜
西米沢
米沢
N

上小菅観音 萬嶺山 金松寺

御本尊
千手観世音菩薩

観音堂の欅は樹齢450年以上
高さ26mの米沢市指定天然記念物

同寺は、米沢藩第9代藩主の上杉鷹山の家臣たちが、月見の宴を開いたことで知られている。鷹山は米沢藩中興の祖として、誉れ高い人物。その鷹山の姫君が最初に参詣したことから、置賜三十三観音第1番札所に定められた。

観音堂の創建は、鎌倉時代の終わり文保2(1318)年だが、御本尊の千手観世音菩薩像は、鎌倉初期の作と伝えられる。

この千手観世音菩薩像は、その昔、川からあがった1本のクスノキを御神木として作り上げたといわれ、現在は秘仏とされ、明治に起きた火災で渦中から運び出され、その御姿を今に残すという。

御本尊の御利益は、諸願成就。観音堂のケヤキは樹齢450年以上で、高さ26mものの巨樹。同寺の近くの川は、この観音様が生まれた川から「誕生川」と呼ばれる。

◆御朱印

◆御詠歌

ふだらくや
あらしをきけば
のりのこえ
いわまのしみづ
ひびくおほさわ

住所・山形県米沢市広幡町上小菅1396 電話・0238-37-4717(朱印所) アクセス・JR成島駅より徒歩10分 駐車場・なし

置賜
三十三観音
OKITAMA
第2番札所

高峰観音 珠琳山 源居寺

御本尊
十一面観世音菩薩

小さな御本尊は御利益の大きさから昔から参詣する人が後を絶たない

同寺の創建は、室町時代後期といわれ、伊達家の家臣であった遠藤四郎左エ門が合戦で手柄を立て、開祖となったとされる。

御本尊の十一面観世音菩薩立像は、高さ約4cmの金で創られており、小さな本尊の厨子は袋に入ってぶら下げられるようになっている。この像は、四郎左衛門が合戦で手柄をたてたことから、領主により恩賞にと授かったものが今に伝わるとされる。

御本尊は代々、遠藤家の守り本尊として信仰されてきたが、その被官である井上源左衛門の手に移り、大鹿の地にお堂が造営され安置したという。

しかし、観音堂は昭和46（1971）年に、白川ダムの工事で、源居寺の境内に移された。お堂は宝形造・鉄板葺・桁行二間・梁間二間・正面一間向拝付。欄間には荒波の彫刻がある。

◆御朱印

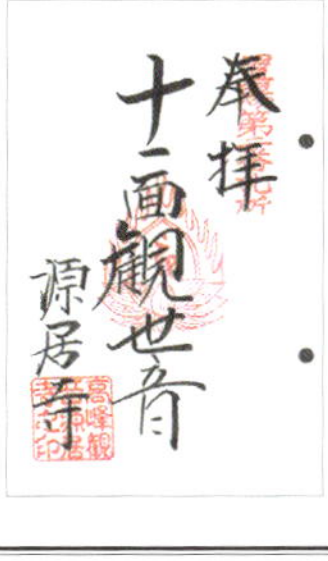

◆御詠歌

ふるさとを
はるばるここに
きてみれば
のりのしるしは
あらたなるらん

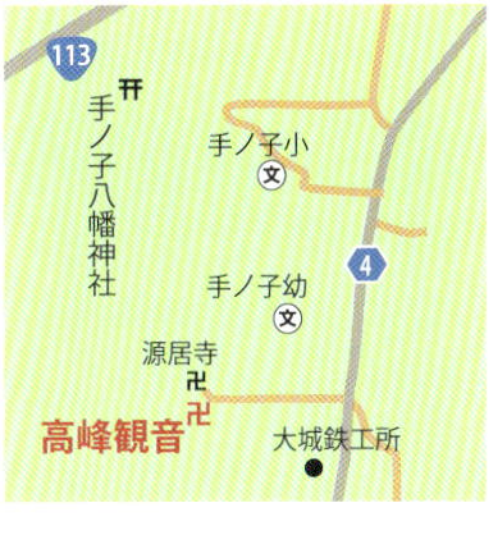

住所・山形県飯豊町大字手ノ子1711　電話・0238-75-2101　アクセス・JR手ノ子駅より徒歩10分　駐車場・あり

置賜
三十三観音
OKITAMA
第3番札所

黒沢観音 曹伯山 高伝寺

御本尊
聖観世音菩薩

厳かな金箔の聖観音木像の本尊
境内には数多くの石仏がある

同寺の創建は、天文年間（1532～1555年）、高僧として知られる天用梵鷲大和尚が、飯豊一帯の廃寺を集めて再興したのが始まりとの説がある。そして、黒沢観音堂の創建は、享保20（1735）年とされ、当初は吉祥寺集落にあったが、昭和6（1931）年に、国鉄路線敷設工事に伴い参道が分断されることとなり、参拝者のために高伝寺の境内に移築された。

御本尊は、宝永3（1706）年、青木七右衛門が奉納した聖観世音菩薩で、金箔の像高約30㎝、他の木像とともに安置され、諸願成就の御利益で崇敬を集める。御本尊が安置される黒沢観音堂は大正5（1916）年の再建。境内には、稲荷神社、金比羅大権現の他、数多くの石仏がある。毎年4月17日と11月17日に、観音講による観音まつりが開催される。

◆御朱印

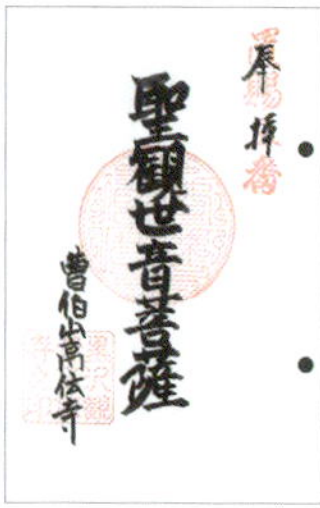

◆御詠歌

まゐるより
たのみをかけて
くろさはの
はなのうてなに
むらさきのくも

住所 • 山形県飯豊町大字黒沢528　電話 • 0238-72-3354　アクセス • JR萩生駅より徒歩15分　駐車場 • あり

置賜
三十三観音
OKITAMA

第4番札所

中村観音 松尾山 天養寺

御本尊
十一面観世音菩薩

**外からは方五間堂に見える観音堂
周辺には椿・コブシの花が群生する**

天養寺の創建は平安時代と推測され、最初の伽藍は飛騨国の宮大工が、一夜で造営したとの伝承がある。室町時代の作といわれる高さ176・9㎝の御本尊は素彫りではあるが、おおらかな容姿で、出羽三観音の一つに数えられている。

中村観音の本堂・観音堂は室町時代中期に再建され、宝形造・銅板葺・桁行三間・梁間三間・正面一間向拝付、外壁は四方に一間分の縁庇が廻り風除けの板を張っているために外見は五間堂のように見えるのが特徴である。

山形県では、同寺を奥州平泉文化の遺産とし県文化財に指定し、御本尊もまた聖観音として県文化財に指定されているが、同寺では、十一面観世音菩薩立像として祀っている。御利益は、厄災消除・家内安全・身体堅固・交通安全など幅広い。

◆御朱印

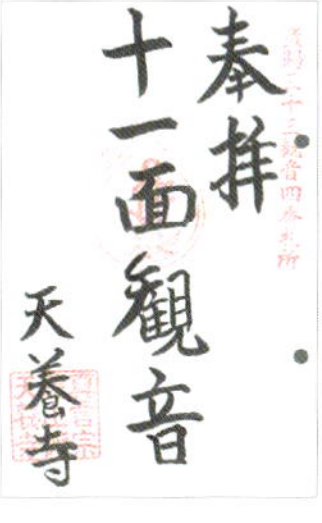

◆御詠歌

ゆめのよに
ふきおどろかす
まつかぜを
よくよくきけば
みのりなるらん

住所・山形県飯豊町中1956-22　電話・0238-72-2652（朱印所）　アクセス・JR萩生駅より車で10分　駐車場・あり

置賜
三十三観音
OKITAMA

第5番札所

九野本観音 普門山 観音寺

御本尊
十一面観世音菩薩

諸悪を滅ぼし幸運をもたらす観音
8月には黒獅子舞の奉納がある

観音堂の創建は、江戸時代前期の寛文8（1668）年。伝承によれば、地元の有力者であった梅津萬右衛門によるという。

現在の観音堂は、天保9（1838）年の火災で焼失。嘉永7（1854）年に再建されたもので、宝形造・鉄板葺・桁行三間、梁間二間、正面一間向拝付。外壁は、真壁造・素木板張・花頭窓付。向拝木鼻には獅子と象の彫刻が施されている。

御本尊の十一面観世音菩薩立像は像高35㎝。伝教大師最澄が自ら彫刻したものと伝えられ、火災の焼け跡から発見されたという。御利益は、疫病退散・諸悪退散で、疫病や諸悪を滅ぼし、幸運をもたらすとして古くから信仰を集める。境内には天保14（1838）年の50年回忌に建てられた芭蕉句碑があり、「手を拍ては こたまに明くる夏の月」の句が刻まれている。

◆御朱印

◆御詠歌

くのもとを
すくふちかひの
ふかければ
たのみをかけて
あんらくのよに

住所・山形県長井市九野本2047　電話・0238-84-2876（6番時庭観音）　アクセス・山形鉄道時庭駅より徒歩20分
駐車場・あり

置賜
三十三観音
OKITAMA

第6番札所

時庭観音 大雄山 正法寺

御本尊
聖観世音菩薩

室町以来信仰を集めてきた古刹
背後には阿久津氏館の土塁が残存

正法寺の開基は、文和3（1354）年。伝承によると、道叟道愛禅師が総持寺から陸奥に向かう途中、その夢枕に観音菩薩が現れ悟りを開き、この地に正法寺と観音堂を建立したと伝えられる。

御本尊は、木造の聖観世音菩薩立像。同像は、近年傷みが激しく秘仏のため、新たに30cmほどの聖観世音菩薩が正法寺に祀られている。

現在の観音堂は、明和5（1768）年に再建されたもの。入母屋・鉄板葺・平入・桁行三間・梁間二間、正面一間向拝付。

御利益は、諸願成就で、創建以来連綿と信仰を集めてきた古刹である。

正法寺の境内は、室町時代に当地の土豪であり、伊達氏に随身した阿久津氏が時庭館を築いた場所。本堂背後には、館の土塁が残存している。

◆御朱印

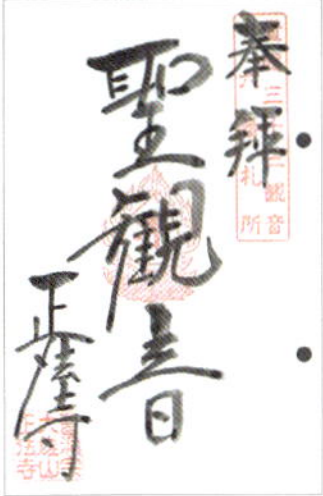

◆御詠歌

にはをたて
つちをたたへて
ときにわの
まへのこぼくも
じやどうなるやん

住所・山形県長井市時庭1428　電話・0238-84-2876　アクセス・山形鉄道時庭駅より徒歩15分　駐車場・あり

置賜
三十三観音
OKITAMA

第7番札所

高玉観音 御法山 円福寺

御本尊
聖観世音菩薩

本尊の観音像は庄内一の大きさ 胎内に文殊菩薩が納められている

田園に囲まれて建つ円福寺の境内に、山形県内最古といわれる高玉観音がある。御本尊は金銅で造られた聖観世音菩薩立像。7世紀末・白鳳時代から奈良時代前期の特徴を持ち、県指定文化財に指定される。創建は不詳だが、伝承によると、延暦15（796）年、坂上田村麻呂が奥羽征伐の際に戦争記念として創建したという。

確かなことは、永禄年間（1558〜1569年）に、高玉城の守護神として創建されたのが始まりとされる。江戸時代中期に火災により焼失し、現在の観音堂は天保12（1841）年に再建された。その時の火災のためか、御本尊の右手先と顔面に損傷があるとされる。

観音堂脇には、米沢藩上杉家9代藩主上杉鷹山公の功績を偲ぶ「養蚕殿」がある。御利益は、諸願成就とされる。

◆御詠歌

みねにふく
あらしはのりの
しるべにて
むじょうのゆめを
さますなるらん

◆御朱印

住所 • 山形県白鷹町大字高玉1207-1　電話 • 0238-85-5295　アクセス • 山形鉄道蚕桑駅より徒歩15分　駐車場 • あり

置賜
三十三観音
OKITAMA

第8番札所

深山観音 大深山 観音寺

御本尊
千手千眼観世音菩薩

鳥居から108段の階段を上がる観音像は表面が炭化し秘仏とされる

深山観音堂の始まりは大同年間（806～810年）とされ、別当寺院である大深山観音寺の創建は長寛2（1164）年、長岡昌勝によって開かれたという。

観音堂は、室町時代後期の建物で、組物・舟肘木・丸柱などに平安形式を踏襲するが、宝形造・茅葺、外壁は真壁造・素木板張など阿弥陀堂御堂建築の形式から、当初は阿弥陀像が本尊だったと考えられる。しかし、平安時代の作と推定される御本尊の千手観音立像が安置されて以降は、観音堂と呼ばれるようになった。

深山観音堂は、山形県最古の木造建築物の遺構として、昭和28（1953）年に国の重文に指定された。御本尊は、火災にあい脚部を失い腰から下の痛みが治ると深く信仰され、御利益のあった人々はそのお札にわらじやサンダルを供える習わしがある。

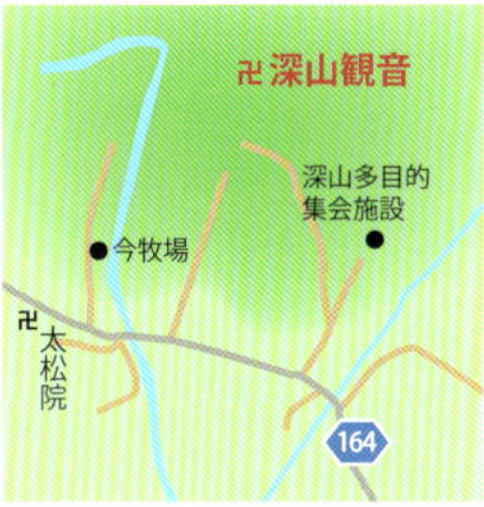

◆御詠歌

のをわけて
たのむゆくへは
みやまなる
つきのひかりは
のどかなるらん

◆御朱印

住所・山形県白鷹町大字深山3072 電話・0238-85-3063 アクセス・山形鉄道鮎貝駅より車で10分 駐車場・あり

置賜
三十三観音
OKITAMA

第9番札所

杉沢観音 金峯山 永泉寺

御本尊
聖観世音菩薩

白鷹町で仁王門があるのはここだけ 10年に一度約2mのわらじ奉納がある

杉沢観音の創建は大同年間（806～809年）といわれ、堂宇は、飛騨の匠を召還して造営されたと伝えられている。

御本尊は一木造りの聖観世音菩薩像で、奈良時代の高僧・行基菩薩の作像と伝わる。しかし、明治39（1906）年の火災により、観音堂と承和5（838）年の銘がある鰐口が焼失。

御本尊の聖観世音菩薩も、大きく損傷。秘仏となり、昭和27（1952）年に再彫刻の上、再安置されている。

白鷹町にある9札所中、仁王門があるのはここ永泉寺だけ。その山門は、嘉永年間（1848～1855年）に建立され、一対の赤仁王が鎮座する。

10年に一度約2mの草鞋奉納が行われ、掲げられた草鞋は1・5～2mもある見事なものである。

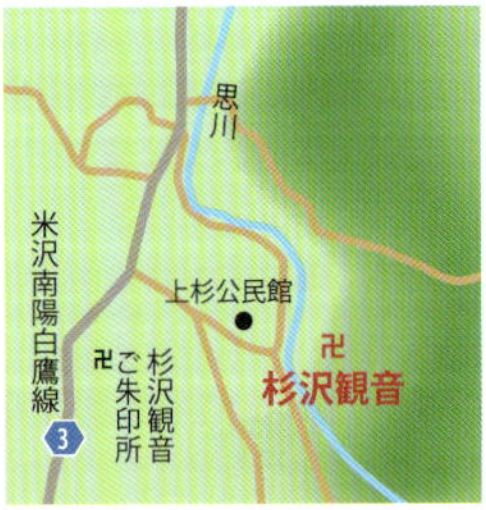

◆御詠歌

よのなかに
つくりしつみは
おもくとも
ほとけのちかひ
たのむすぎさわ

◆御朱印

住所 • 山形県白鷹町畔藤164付近　電話 • なし　アクセス • 山形鉄道荒砥駅より車で10分　駐車場 • なし

置賜
三十三観音
OKITAMA

第10番札所

宮の観音 大悲山 普門坊

御本尊
馬頭観世音菩薩

御本尊の馬頭観音像は秘仏 60年に一度だけ御開帳となる

御本尊の馬頭観世音菩薩は、正嘉2（1258）年鎌倉御家人笠間時朝が、必勝祈願のために運慶に彫らせた県指定文化財である（放射性炭素年代測定・胎内の銘記により判明）。東北最大の像で、身の丈は2m、全身に漆が施され、叫ぶように大きく開いた口、睨みつけるように見開いた眦、炎のように逆立つ怒髪など、怒りの表情は大変な迫力で、参拝者の心に迫るものがある。

力強い8臂の構え、条帛や裳の襞の彫り出しも写実的で、鎌倉期の正統的な仏像を彷彿とさせる。金と朱で激しく燃えたぎる火炎を表現した光背を背負った姿は、忿怒・威厳・迫力を余すことなく表現。古くから馬ゆかりの仏として信仰を集め、戦前まで午の祭りが盛大に行われていた。近年は馬だけでなく、必勝・合格祈願・膝腰の痛み緩和など幅広い御利益で知られる。

◆御朱印

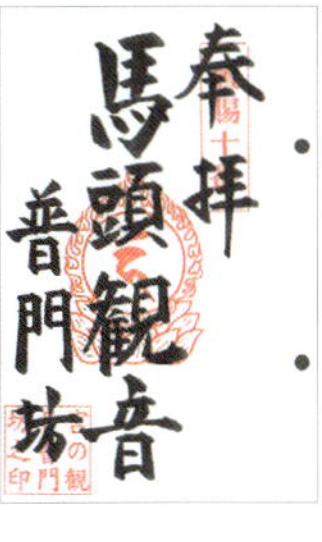

◆御詠歌

よもすがら
つきをみあげて
おがむなり
おきのかはせに
たつはしらなみ

住所・山形県長井市横町14-8　電話・0238-84-0427　アクセス・山形鉄道長井あやめ公園駅より徒歩4分　駐車場・あり

置賜
三十三観音
OKITAMA

第11番札所

萩生観音 大行院 瑞雲寺

御本尊
十一面観世音菩薩

災難除けに御利益が大きい
いまは交通安全祈願する人が多い

萩生観音の創建は建保3（1215）年、越後の実義僧都によると伝えられる。当時は長手山の斜面に建てられていたため「長手観音」とも呼ばれたが、正徳2（1712）年になり現在の地に移された。現在の観音堂は、文政年間（1818〜1830年）に改築されたもので、内部には絵馬が、向拝には「手拾壱面観音堂」の扁額が掲げられている。

御本尊は木造の十一面観世音菩薩坐像で、像高70㎝、毎年7月10日の縁日に御開帳されたという。昔から災難除けに御利益があるといわれ、戦時中は兵士が銃弾を受けないように願をかけ、近年は車に当たらないようにと、交通安全の祈願での参詣者が多い。瑞雲寺境内には湯殿山塔や飯豊山塔、大宮供養塔など多くの石碑が建立され、信仰の篤さが窺える。

御朱印

御詠歌

ちちははの
めぐみもふかき
なかてなる
ほとけのちかひ
たのむなりけり

住所 • 山形県飯豊町萩生3171付近　電話 • 0238-32-2929（21番小野川観音）　アクセス • JR萩生駅より徒歩30分
駐車場 • なし

置賜 三十三観音
OKITAMA

第12番札所

赤湯聖観音 湯新山 東正寺

御本尊
聖観世音菩薩

烏帽子山公園の東側にある 春は千本桜、秋には紅葉が美しい

東正寺は、延元元(1338)年、諸説あるものの、道叟道愛禅師の開山と伝えられている。観音様は、木造の聖観世音菩薩立像で、平安初期の高僧・慈覚大師円仁の作とされる。

当初は、福島県会津地方の若松山山頂に安置されていたものを川西町の地主・佐藤作兵衛が深く信仰し、元禄年間(1688〜1704年)に自分の所有地内に拝受した。以来「若松観音」「作兵衛観音」とも呼ばれ信仰されてきた。

時代は下り、明治25(1892)年に東正寺に遷座した。現在のお堂は、昭和6(1931)年に建立されたもので、入母屋・銅板葺。正面には、唐破風付き三間向拝付、桁行三間、梁間二間の規模だ。境内には森の観音堂や千体地蔵堂など数多くの石碑が移築されている。

◆御朱印

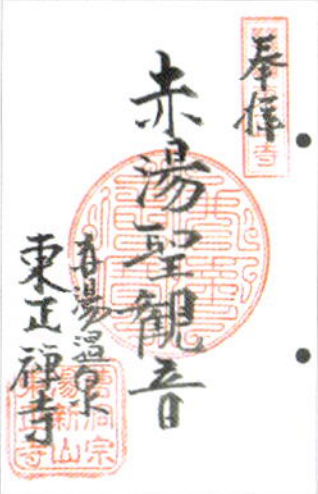

◆御詠歌

みなかみは
いづくなるらん
わかまつと
きけばこころも
さかりなるらん

住所 • 山形県南陽市赤湯1621-3　電話 • 0238-43-2457　アクセス • JR赤湯駅より徒歩30分
駐車場 • あり(境内までの車道はなし)

置賜
三十三観音
OKITAMA
第13番札所

関寺観音 鶏鳴山 円光寺

御本尊
十一面観世音菩薩

行基菩薩を開基と伝える古刹
秘仏の御本尊は慈光大師の作

観音堂の創建は、詳らかではないが伝承によると奈良時代の高僧・行基菩薩が、大同2（807）年に開いたと伝えられる。

その後、荒廃したが、南北朝時代に南朝方の武将として活躍した伊達家7代当主・藤原行朝によって再興された。しかし、明治5（1872）年の火災により焼失し、その2年後に浄財を募り再建を果たした。

観音堂は、置賜三十三観音霊場の中で笹野観音堂に次ぐ規模とされる。御本尊は木造の十一面観世音菩薩で、慈光大師の作といわれるが、明治5年の火災の際、焼けたため秘仏となった。近年、その代わりに三十三体の金色の観音像が納められた。

古くは修験の山として隆盛を極めたという関寺山は、堂宇まで杉木立をぬって長い石段が続く。御本尊の御利益は諸願成就。今も参詣者が絶えない。

◆御詠歌

のちのよを
ねがふこころは
かろくとも
ほとけのちかひ
おもきせきでら

◆御朱印

住所・山形県白鷹町十王3889　電話・0238-85-4291（相応院）　アクセス・山形鉄道荒砥駅より徒歩15分　駐車場・あり

置賜
三十三観音
OKITAMA
第14番札所

置霊観音　松光山　大光院

御本尊
聖観世音菩薩

小松豊年獅子踊りを今に伝える置賜の地名はこの地が発祥とも

大光院は、貞観元（８５９）年、弘法大師の高弟・真済が開き、大師が刻んだ地蔵菩薩を安置したのを始まりとする。名称の由来は、全山を仏山として亡き善男善女の追福のために小卒塔婆をたてたためと伝えられ、それが転じ、置賜の地名が生まれたという説もある。

境内は、四面天女の梵鐘や死後の世界で罪を裁く十体の仏を祀る十王堂、牛を祀る牛頭堂の他、阿弥陀堂、地蔵堂などが壮観な佇まいだ。置霊観音堂は、寛保３（１７４３）年、34世宥伝和尚により創建された。また、伝承される踊りとして、毎年8月16日に奉納される山形県指定無形民俗文化財に指定されている「小松豊年獅子踊り」がある。この踊りは、平安初期頃から始まり、この地方で布教活動に努めた徳一上人の親・藤原仲麻呂の御霊を慰めるためという。

◆御詠歌
いついろの
くものうちなる
つきをみて
こころはここに
おいためのやま

◆御朱印

住所・山形県川西町上小松2948　電話・0238-42-2666　アクセス・JR羽前小松駅より車で約5分　駐車場・あり

火の目観音 米徳山 弥勒院

御本尊
十一面観世音菩薩

**大火にも焼けずに残った御本尊
火事や災難除けに御利益がある**

御本尊は、檜の一木で創られた十一面観音菩薩立像。この像は、元々は越前国頸城郡日光寺（現新潟県糸魚川市）から、米徳山弥勒院に渡ったと伝わる。像高1・6mの観音様で、当時は「檜の目観音」と呼ばれていた。

しかし、江戸時代に起きた米沢大火の際に、弥勒院も類焼したものの、御本尊は奇跡的に焼けずに無事だったことから、台風の目になぞらえて「火の目観音」と呼ばれるようになった。以来、火事を始めとする災難除けに御利益があるとして大いに信仰を集めている。

観音堂は、入母屋・銅板葺・平入・正面千鳥破風・桁行2間・正面1間向拝付。外壁は、真壁造・素木板張りの構造だ。

現在、御朱印は車で20分ほどの第十四番札所・置霊観音　松光山　大光院でいただくことになる。

◆御詠歌

ひのめより
わたらせたもふ
ほとけにて
たいひのちかひ
あらたなりけり

◆御朱印

住所・山形県米沢市本町1-4-24　電話・0238-42-2666（14番置霊観音）　アクセス・JR南米沢駅より徒歩3分　駐車場・なし

置賜
三十三観音
OKITAMA

第16番札所

鮎貝観音 泉蔵院

御本尊
聖観世音菩薩

御本尊は黄金の観音様と伝わる 肩の痛みをとるお地蔵様も祀る

鮎貝観音堂の創建は不詳だが、言い伝えによると、住民の一人が鮎貝駅の南側にある水田から神々しい光が放たれているのを発見し、それを確かめてみると金色の観音像だったという。そして、その像を祀り、一堂を設けたのが始まりとされる。

その像が御本尊・聖観世音菩薩像で、古来より秘仏となっている。当初は田尻村境の飯詰台に境内を構えて飯詰観音と呼ばれていたが、元禄9(1696)年になり、管四郎兵衛が現在地に境内を移し、泉蔵院2世の清覚が再興しその後、泉蔵院が別当寺院として鮎貝観音堂を祀っている。

ちなみに泉蔵院の創建は寛文元(1661)年で、御本尊として不動明王を祀る。観音堂の下には、肩切り地蔵と呼ばれる大きな石の地蔵があり、肩の痛みをとると信仰を集めている。

◆御朱印

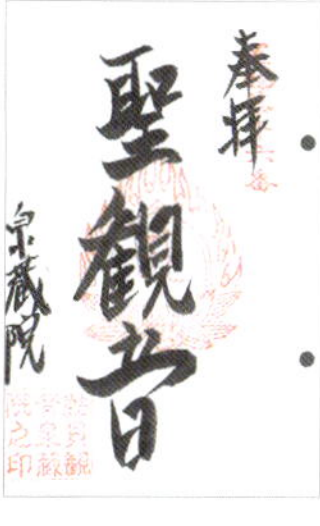

◆御詠歌

まつかわの
はるばるなみを
ながむれば
きよきながれに
すずしかるらん

住所 • 山形県白鷹町鮎貝3446　電話 • 0238-85-4291（相応院）　アクセス • 山形鉄道鮎貝駅より徒歩15分
駐車場 • あり（バス1台分）

置賜
三十三観音
OKITAMA

第17番札所

芦沢観音 龍寶山 雲洞庵

御本尊
十一面観世音菩薩

朱塗りのお堂は江戸中期の再建 石段脇には杉の巨木が聳える

芦沢観音の創建年は詳らかではないが、その昔、下伊佐沢の松川渡船場近くに宮中儀の設営を担当する志釜家があり、その屋敷内に祀られていたものが現在の地に移築されたとされる。

現在の観音堂は、老朽化が進んだため、享保8（1723）年に、地区の有志により全面改装され、今見られるような朱塗りのお堂が完成した。

御本尊の十一面観世音菩薩は、秘仏とされ、代わりに奉納された十一面観音を拝することができる。

石段脇に聳える芦沢観音の杉は、樹高43m、根元周6・70m、幹周5・62m、枝張は東西で10・80mある。下から見上げると、樹姿の壮厳さに見る者を圧倒させる。巨樹のスギのひとつとして、昭和53（1978）年に長井市指定天然記念物に指定された。

◆御詠歌

ちかひあれ
さかゆるよよの
ためしには
なにわのことも
よしやあしざわ

◆御朱印

住所・山形県長井市芦沢495　電話・0238-88-1616（朱印所）　アクセス・山形鉄道長井駅より車で15分　駐車場・なし

新山観音 鶴布山 珍蔵寺

御本尊
聖観世音菩薩

**珍蔵寺は昔話鶴の恩返し伝説の地
足腰の病に御利益があるとされる**

新山観音堂の創建については、明和7（1770）年に、多勢吉兵衛という者が現境内からのぞむことができる美しい景観に魅せられて、この地に建立したのが始まりと伝えられている。参道から置賜盆地が一望できることから、米沢藩主上杉家代々の領主が、領内視察をした際には、ここで検分をしたと伝えられている。

一対の赤仁王像を安置した重厚な構えの山門には、大きな草鞋が掲げられ、足腰の病に御利益があると信仰を集める。

別当寺院である珍蔵寺は寛正元（1460）年に、仙台伊達家と縁の深い極堂宗三和尚が開山したと伝わる古寺。

米沢藩の地理・旧跡などの縁起や概略を記録した『鶴城地名選』には、昔話・鶴の恩返しとよく似た話が、開山縁起として残されている。

◆御朱印

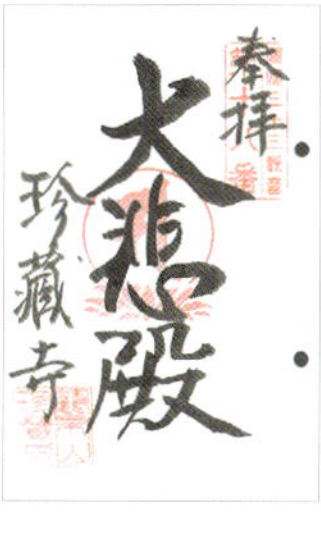

◆御詠歌

なにごとも
おもふこころは
まるかれと
むかしもいまも
ここはにいやま

住所 • 山形県南陽市漆山1747-1　電話 • 0238-47-2264　アクセス • 山形鉄道おりはた駅より徒歩10分　駐車場 • あり

置賜
三十三観音
OKITAMA

第19番札所

笹野観音 長命山 幸徳院

御本尊
千手千眼観世音菩薩

観音堂は幕末に上杉斉憲が再建 別名あじさい寺とも称される

昔、笹野山の中腹に観音堂と羽黒権現の杜が在ったという。1200年程前に麓の現在地に両尊を合わせ祀り、永享年中(1429～1441年)には宥日阿闍梨が観音羽黒の両尊を秘仏として、新たに千手観音を刻して御本尊とした。今の観音堂は天保14(1843)年、上杉斉憲が再建した。茅葺きの入母屋造りで、龍・鳳凰・獅子・貘などの彫刻が随所に施される。

境内には仁王門・弁天堂・弘法大師堂などがあり、蔵王の石で造られた高さ5mにおよぶ露地の地蔵菩薩が鎮座する。御詠歌の句にちなんで植えられた千株のあじさいは7月上旬が見頃で、あじさい寺とも呼ばれる。毎年1月17日の、笹野観音初十七堂祭では柴燈護摩祈願が行われ、参詣者の火渡りが行われる。民芸品「笹野彫り」は、この行事の縁起物で、今に伝承している。

◆御朱印

◆御詠歌

まいりきて
いまはのぞみの
ささのやま
にわのきぐさも
るりのひかりぞ

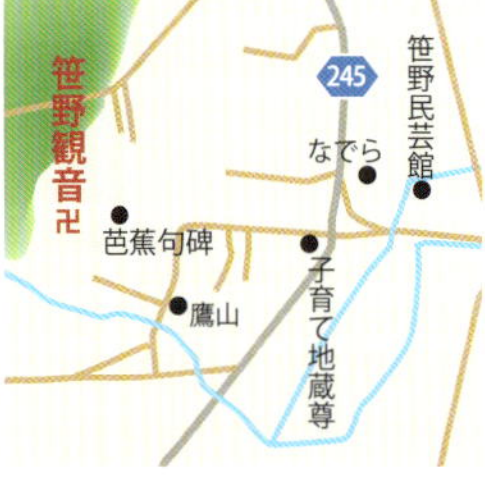

住所・山形県米沢市笹野5686-5　電話・0238-38-5517　アクセス・JR米沢駅から車で15分　駐車場・あり

置賜
三十三観音
OKITAMA

第20番札所

仏坂観音 照鷹山 高学院

御本尊

馬頭観世音菩薩

馬頭観世音菩薩を本尊に祀る 牛馬関係者から篤い信仰を得た

御本尊の馬頭観世音菩薩は、焼失のたびに造り替えられてきた。元々の像は奈良時代に行基菩薩が、馬頭観音像を胎内仏として彫刻したもの。その後、保安年間（１１２０～１１２４年）に、仏師運慶に新像を造らせ、旧像をその胎内に納めたとされる。しかし、その像も火災で焼失し、現在の像は江戸時代の作である。

境内は白鷹と山形を結ぶ街道沿いあり、御本尊として馬頭観世音菩薩を祀ることから、農耕・運輸馬の守り、孤越峠を通る人馬の安全を御利益とし、牛馬に関わる人々から篤い信仰を集めた。その後、同地で養蚕が盛んになると、養蚕の守りとして信仰されるようになった。

観音堂内には馬の彫刻絵馬・観音講奉納絵馬など、多くの絵馬が納められている。別当寺院の十王院は、廃寺となっている。

◆御朱印

◆御詠歌

のをすぎて
やまぢにむかふ
ほとけざか
みねのうすぐも
はるるけしきぞ

住所 • 山形県白鷹町十王24（高学院：白鷹町滝野333-2） 電話 • 0238-85-3616（高学院）
アクセス • 山形鉄道荒砥駅より徒歩30分 駐車場 • あり

小野川観音 小町山 宝珠寺

御本尊
聖観世音菩薩

**甲子大黒天にも参拝して開運招福
写経や腕念珠づくりも体験できる**

小野川観音の歴史は明治25（1892）年に、宝珠寺本堂の傍らに観音堂が建立されたという以外は詳らかでない。宝珠寺の創建は、慶應元（1865）年とされる。明治維新を迎えるにあたり、神仏分離令により湯殿山の仏式が一掃された際、甲子大黒天など仏教色が強いものが同寺に移された。小野川観音の御利益は諸願成就だが、同時に甲子大黒天にも参拝して開運招福を祈る参詣客が多い。写経や25種類の天然石から誕生石などを選ぶ、オリジナル腕念珠体験も人気がある。

5月上旬～中旬は、シャクナゲが見頃を迎え、訪れる人も多い。約1200年前、絶世の美女と伝えられる平安時代の女流歌人・小野小町が旅する途中、温泉で病を癒したという伝説をもつ小野川温泉を一望できる。

◆御詠歌

ありがたや
だいひおふこの
のりのみち
ちかひもふかき
おのがわのさと

◆御朱印

住所 • 山形県米沢市小野川町2580　**電話** • 0238-32-2929　**アクセス** • JR米沢駅からバス小野川温泉より徒歩5分
駐車場 • あり

置賜
三十三観音
OKITAMA

第22番札所

山王山 真言院 広野観音

御本尊
正観世音菩薩

腕に包帯や布を巻き着けた本尊 手の病気や怪我に霊験あらたか

寛永5（1628）年に開村された広野村の信仰の中心として、長楽寺が開山された。広野観音堂は、同寺を別当寺として宝永2年（1705）に建立されたと伝わる。

観音堂は御本尊として、米沢の法音寺から賜った正観世音菩薩像を迎えた。ところが、長楽寺に仮安置したところ、同寺の御本尊である聖観音と喧嘩をして、右腕に包帯をしているという噂が流れた。この後、長楽寺は廃寺となったが、観音堂は引き続き広野村の住民から信仰を集めた。そして、噂が元となり手の病気や怪我に御利益があるとして、御本尊の腕に白い包帯や布を巻き着けるようになったとされる。

境内には広野村の開発に功績があった新野和泉の墓や記念碑が立つ。また、墓碑・石仏などが数多く存在し、地元からの信仰の篤さを感じさせる。

◆御朱印

◆御詠歌

まゐりきて
あほげばたかし
まつかぜの
つきせぬこゑぞ
ちかひなるらん

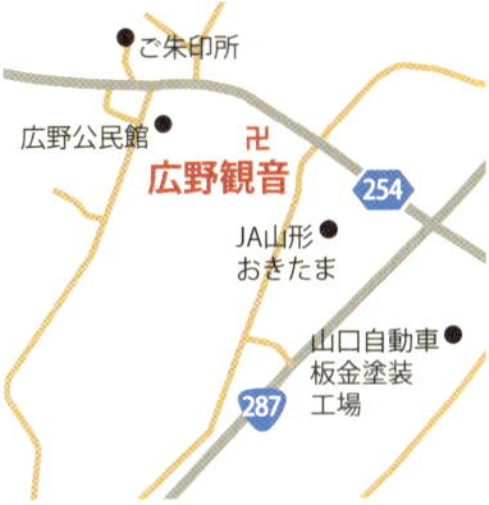

住所・山形県白鷹町広野2676　電話・0238-85-1594（朱印所）　アクセス・山形鉄道蚕桑駅より徒歩20分
駐車場・あり

置賜
三十三観音
OKITAMA

第23番札所

川井観音 和江山 桃源院

御本尊
羽黒本地聖観世音菩薩

龍彫りが施された重厚な観音堂
御本尊は身代わり観音と称される

羽黒本地聖観世音菩薩像を御本尊に祀る。伝説によれば、百姓が川底に光るものを見た日の夜、夢枕に仏様が現れてお告げを受け、その木を川から探し出して三体の仏像を造り、根元で造った仏像を羽黒神社に納めたといわれる。

現在の川井観音堂は、天保15（1844）年に再建されたもので、内外に篭彫という見事な彫刻が施されている。

観音堂が建つ桃源院は、天文13（1544）年、伊達氏譜代の重臣・鬼庭良直が伊達政宗の命により川井の館に移る時、日頃から信仰していた観音堂も当地に移し、桃源院を開いたことに始まるとされる。本堂には、政宗の身代わりになり討死にした良直の位牌が祀られている。羽黒本地聖観世音菩薩像は、身代わり観音と呼ばれ今も篤い信仰を集める。

◆御詠歌
ごくらくの
はしよりみれば
はなのもり
きぬぎぬやまは
のどかなるらん

◆御朱印
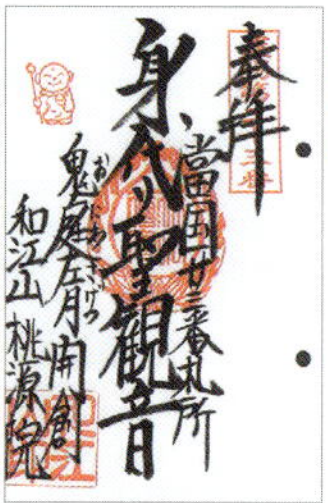

住所・山形県米沢市川井3823-1　電話・0238-28-1131　アクセス・JR鶴米沢駅より車で10分　駐車場・あり

置賜
三十三観音
OKITAMA
第24番札所

桑山観音 蓮華山 普門寺

御本尊 聖観世音菩薩

御利益は病気平癒とイボ取り 石でイボをなでると治るとされる

普門寺の創建は、永正10（1513）年。御本尊に聖観世音菩薩像を祀る桑山観音の創建は不詳だが、杉林に囲まれたお堂は、寛保2（1742）年に再建された。

観音堂の由来は、この地に疫病が蔓延し多くの住民が苦しんでいると、大きな桑の根元で寝ている老人が夢枕にお告げを受けて観音堂を建立したとされ、桑山という地名もこの伝説に由来しているという。体の患部を石で撫でて供えると御利益があるとされ、観音堂の前には参拝者の祈りが込められた石が高く積まれている。

天明8（1788）年に、米沢藩8代藩主・上杉重定が大病を患うと、桑山観音堂で家臣60人による病気平癒の祈祷が行われた。その甲斐あって病が治ると、自ら病気回復のお礼に訪れたことを記す木札も保存されている。

◆御朱印

◆御詠歌

のをすぎて
さとをもこいて
くわやまの
おがむほとけは
にせのためなり

住所・山形県米沢市万世町桑山296　電話・0238-28-4052　アクセス・JR米沢駅より車で5分　駐車場・あり

置賜
三十三観音
OKITAMA

第25番札所

赤芝観音 羽黒山 龍性院

御本尊
聖観世音菩薩

福徳延命・身体平癒の観音様
お堂が北向きの珍しい北向観音

赤芝観音の御本尊は、聖観世音菩薩像で、切り株に腰をおろし、巻物を手にした優美な姿をしている。

伝説によると、樵がお堂の周りの木を切ると、血のような赤き樹液が流れ出したため、その木を霊木と悟った。そして、木の根を弔うとともに、仏を彫ったという。現在の御本尊は、その後に造られたものだが、木の切り株に腰を下ろし巻物を手にする姿はこの伝承に起因している。

観音堂は、珍しい北向きのため、北向観音との別名がある。福徳延命の観音様として信仰を集め、一度参れば延命の御利益があり、一生財産に不自由しないとされる。境内に建つ赤芝の草木塔は、享和（1801）元年の建立で、高さ111㎝・幅56㎝・厚さ48㎝の安山岩製で、米沢市の有形民俗文化財に指定されている。

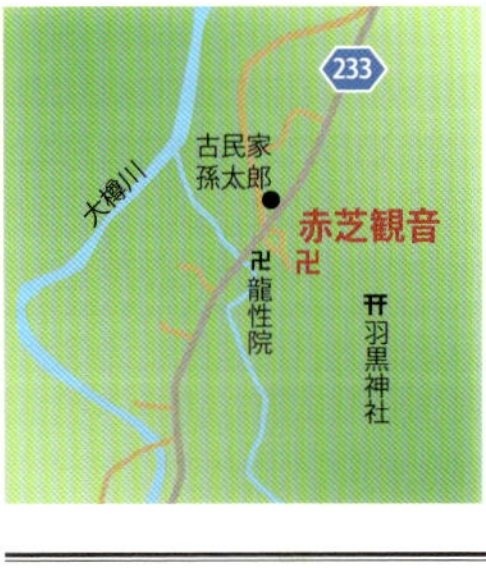

◆御詠歌

あはれみの
たのむほとけは
あかしばの
ふもんのみかげ
なえおもあらたに

◆御朱印

住所・山形県米沢市赤芝町12　電話・0238-32-2528　アクセス・JR米沢駅よりバス赤芝下車すぐ　駐車場・あり

置賜
三十三観音
OKITAMA
第26番札所

遠山観音 恵日山 西明寺

御本尊
十一面観世音菩薩像

御本尊は別名百合観音 直江兼続の詩碑が立つ

遠山観音の御本尊は木造の十一面観世音菩薩坐像で、康佑という仏師の作とされる。額に水晶が嵌め込まれ、瓔珞と呼ばれる首飾りには青い石が施されている。御本尊が座す台座の蓮台が、百合の根に似ているところから「百合観音」とも呼ばれる。

歯痛に御利益があるとされ、参詣すると歯の痛みがとれると信じられ、願いが叶えられるとお礼に百合の花を供えるという風習が今も引き継がれている。

観音堂前には直江兼続の詩碑「遠山西に望む西明寺はるかに憶ふ最明寺投宿の秋」が建つ。また、米沢藩3代藩主上杉綱勝お手植えの「虎の尾もみ」は県の天然記念物に指定される。

西明寺は、江戸前期に越後からに米沢に移転。謡曲「鉢の木」の原話とされる言い伝えが残り、北条時頼の位牌がある。

御朱印

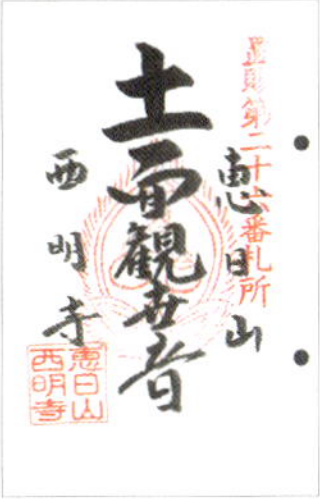

御詠歌

とふやまに
いそげばちかし
みほとけの
おしへにまかす
ちかひなりけり

住所・山形県米沢市遠山町1561　電話・0238-22-0568　アクセス・JR米沢駅より車で15分　駐車場・あり

高岡観音 朝日山 相応院

御本尊 十一面観世音菩薩像

観音堂までは160段もの石段
諸願成就の御利益で崇敬される

観音堂の創建は、慶長年間（1596〜1615年）高岡村の安部家により設けられたのが始まりとされる。第27番札所は元々、南陽市宮内の「黒池村の三堀寺」であったが、明治初期の神仏分離令で、代々堂守を務めている安部家が地区民の協力を得て霊場番号を譲り受けたと伝えられる。

御本尊の十一面観世音立像は、青銅製・金箔貼・像高約20㎝。古くから秘仏とされ、毎年2月に斎行する大般若会にて、僧侶により600巻の経文が読み上げられる。

別当寺院である相応院の創建は室町前期。鮎貝成宗が開基となり、道智上人により開山したのが始まりとされる。

観音堂までは160段の石段が続き、参道沿いには清水が湧く。また、境内や周囲には、石仏・石碑が多数あり、古くからの信仰の篤さが伺える。

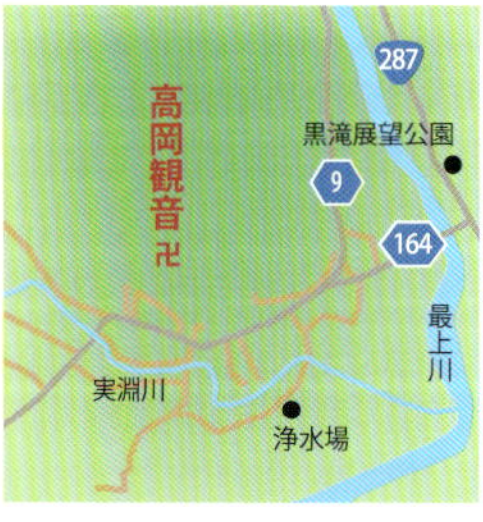

◆御詠歌

ありがたや
だいひのめぐみ
ふかければ
みいけのなみは
しづかなりけり

◆御朱印

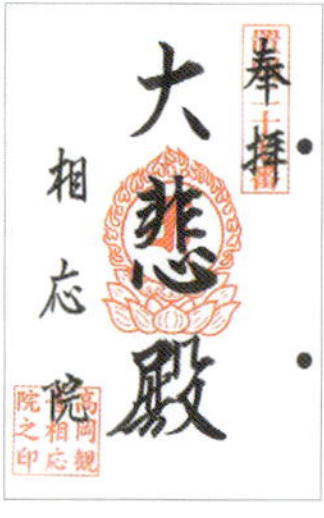

住所・山形県白鷹町高岡2338　電話・0238-85-4291（相応院）　アクセス・山形鉄道荒砥駅より車で10分　駐車場・あり

宮崎観音 日祥山 綱正寺

御本尊
聖観世音菩薩

**秘仏の御本尊は最澄の作と伝わる
境内には石碑・石祠・石仏が多い**

御本尊は聖観世音菩薩立像で、伝教大師最澄の作と伝えられる。秘仏で、50年一度に御開帳される。観音堂は、起源に関しては詳らかでないが、昭和51（1976）年に、鎮座三百年祭が行われた。ご詠歌に詠まれている釣り鐘は、文化元（1804）年に奉納されたもの。

別当寺院である綱正寺の創建は元和2（1616）年。上杉方の武将の一人であった安部右馬之助綱吉によるとされる。綱吉は、越後安部里出身の土豪。関が原の戦いでは、上杉景勝の家臣・倉賀野綱元の軍に属し長谷堂城攻めに参加した。

その後、置賜の代官を務め、荒れた土地を自ら開墾するなど、新田開発などに尽力した。正保3（1646）年に、77歳で没すると、後継者の綱正によって菩提寺・綱正寺に葬られた。

◆御朱印

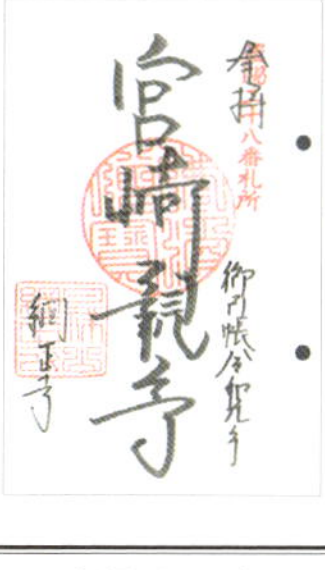

◆御詠歌

なみのおと
みやざきてらの
かねのこえ
にせあんらくと
ひびくなりけり

住所・山形県南陽市宮崎827-1　電話・0238-43-5481　アクセス・JR赤湯駅より車で10分　駐車場・あり

置賜
三十三観音
OKITAMA

第29番札所

松岡観音 補陀山 岡応寺

御本尊
聖観世音菩薩

本尊の別名は松岡西向福徳観世音
名前の通り福徳円満に御利益あり

松岡観音の御本尊は、木造の素朴な聖観世音菩薩で、江戸時代の作とされる。この観音様は別名「松岡西向福徳観世音」とも称する。

御本尊は、当初は南陽市宮内にある熊野大社に祀られていたという。しかし、明治維新を迎え、政府による神仏分離令が発布され、現在地に移管された。また、観音堂内には、藤原是鷹により墨絵で描かれた昇り龍の壁画がある。別当寺院の岡応寺の創建は、安土桃山時代の天正年間（1573〜1592年）、山室宗補という僧により開かれたという。毎年、恒例のご祈祷祭が開かれ、参道は50本の祈願旗が奉納される。

お堂から上の広場に続く参道には、明治13（1880）年に安置された石仏の三十三観音があり、裏参道には六観音が祀られている。御朱印は本堂で各自押印する。

御詠歌

きのふまち
けふまつおかに
きてみれば
あすのまよひも
はるるけしきぞ

御朱印

住所・山形県白鷹町荒砥乙1389　電話・0238-85-5541　アクセス・山形鉄道荒砥駅より車で5分　駐車場・あり

長谷観音 珠宮山 宝積坊

御本尊
聖観世音菩薩

御本尊は約180㎝近い高さの立像
観音堂は文政年間上杉家による再建

長谷観音堂の創建は貞観9(867)年、当地に訪れた慈覚大師円仁がここを霊地と悟り、自ら彫刻した聖観世音菩薩を安置したのが始まりとされる。この他、円仁は、荒廃した社殿を再興させようと、自作の聖観世音像を安置したとの別の伝承もある。その後も歴代領主から信仰され、天正17(1589)年には当時の宮沢城城主・大津土佐守本次が再興。その際に飛騨の工匠に造らせたお堂は精緻を極め、別名「匠堂」とも呼ばれたという。

文政年間(1818~1830年)に、火災により多くの堂宇が焼失すると、米沢藩11代藩主上杉斉定が、現在の観音堂を再建した。この時、上杉家秘蔵の聖観世音菩薩が御本尊として奉納された。御本尊は、現在は秘仏とされ、6尺・約180㎝もの立像とされる。

◆御朱印

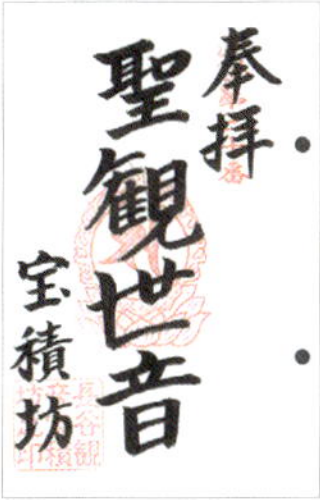

◆御詠歌

いつみても
かわらぬいろは
はせでらの
こけもひかりて
なほもますなり

住所・山形県南陽市宮内3465　電話・0238-47-3069　アクセス・山形鉄道宮内駅より徒歩30分　駐車場・あり

五十川観音 桜本山 正寿院

御本尊
千手観世音菩薩

徳が高い僧侶・宥日上人の誕生の地
産湯の井戸からは今も清水が湧く

五十川観音は、観音様の申し子として多くの人々を救い、徳の高い僧侶として置賜の人々に崇拝された宥日上人の誕生の地。参道近くには、上人が産湯に使ったとされる井戸が残り、今も清水が湧き出る。

御本尊の千手観世音菩薩は、慈覚大師円仁が自ら彫刻したと伝わり、現在は秘仏として60年ごとに御開帳される。現在の観音堂は、火災で焼失後の宝暦9（1759）年の再建である。

毎年8月16日に観音例祭があり、そこで舞う獅子踊りは幕末頃、現在の長井市河井地区から伝わったとされる民俗行事で、長井市無形民俗文化財となっている。

また、火伏の水として御利益があるといわれ、毎年大晦日から元旦にかけて多くの参拝者が訪れ「お水取り」で賑わう。春には参道に植えられた桜が咲き乱れ美しい。

◆御詠歌

いかがわと
おもふはひとの
まよひなり
せんじゅのちかひ
いつもたへせぬ

◆御朱印

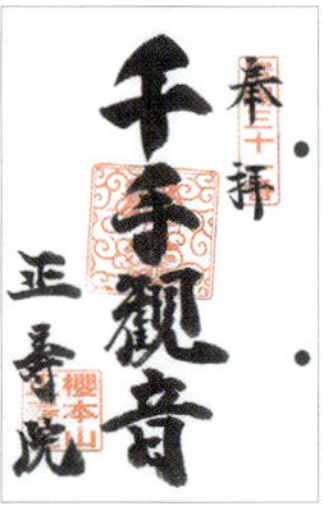

住所・山形県長井市五十川3857　電話・なし　アクセス・山形鉄道長井駅より車で15分　駐車場・あり

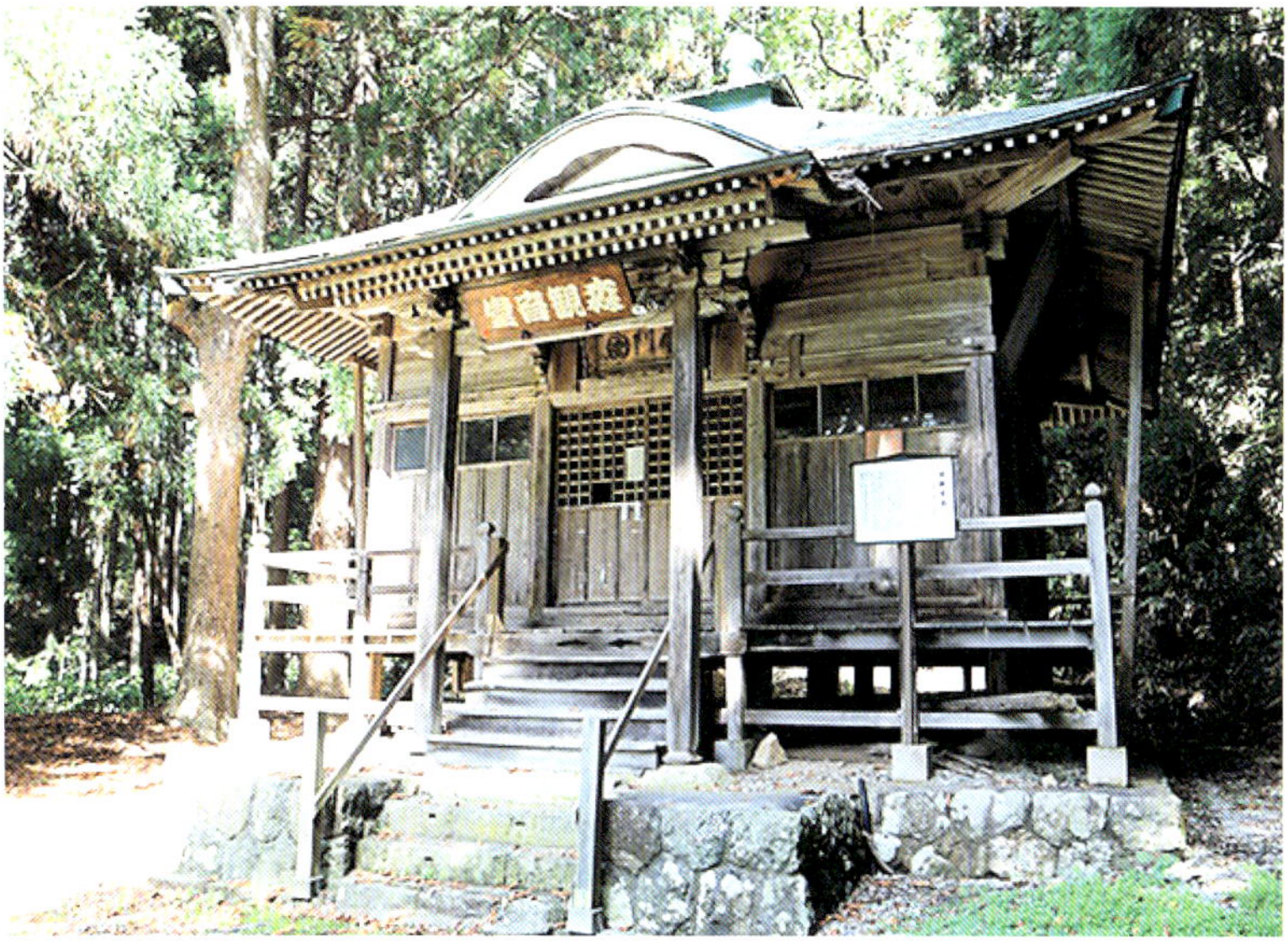

置賜
三十三観音
OKITAMA

第32番札所

森観音 金剛山 遍照寺

御本尊
千手観世音菩薩

巻貝が火災の際に御本尊を守った 石段の脇には百個の石仏が並ぶ

森観音の創建は詳らかではないが、その昔、村人がこの地で光を放つ物体を発見し、観音様の精霊としてお堂を建立し、祀ったという伝説が残る。

その後は、村の鎮守とともに祀られてきたが、享保3（1718）年になり観音像は真光寺に移され別当寺院となった。しかし、明治初期に同寺が廃寺になると、遍照寺が別当となり今に至っている。

現在の観音堂は、享保3（1718）年に火災で焼失後、享保7（1722）年に再建された。

境内には小さな池があり、そこに棲む螺の尻は短いとされる。それは火災の際、御本尊を守るために張り付き、身代わりとなり、着き燃え尽きたとの伝承による。参道の入口には延命地蔵が立ち、石段沿いには奉納された百個の石仏が並ぶ。

◆御朱印

◆御詠歌

ありがたや
おしへにまかす
このみこそ
ぬひくかんのんの
ちかひなるらん

住所・山形県長井市森736　電話・なし　アクセス・山形鉄道長井駅より車で10分　駐車場・なし

戸塚山観音 戸塚山 泉養院

御本尊
聖観世音菩薩

置賜三十三観音の最終札所
元禄十五年の石塔婆が立つ

戸塚山観音の創建は、大同元（806）年、法相宗の高僧・徳一上人が、御本尊の聖観世音菩薩を自ら彫刻し、安置したのが始まりと伝わる。

同観音は、置賜三十三観音の最終札所であり、巡礼者は身につけていた「おいずり」を奉納する習慣が近年まであった。その様子は、同観音のご詠歌にも詠まれ、別名・衣脱山観音とも呼ばれる。

平成19（2007）年に、戸塚山の旧観音堂にあった石塔婆を、別当寺の泉養院敷地内に移設。そこには「元禄十五年　南無阿弥陀仏　四月吉日」と記され、天下泰平・万民安穏・五穀豊穣の願いを込めて作られたものといわれる。

急な石段を登ったところに建つお堂からは、眼下に広々とした景観が広がり、観音様めぐりの旅を締めくくってくれる。

◆御朱印

◆御詠歌

よろづよの
ねがひをここに
おさめおく
みづはこけより
いづるあさがわ

住所・山形県米沢市浅川2220　電話・0238-28-1706　アクセス・JR置賜駅より徒歩20分　駐車場・あり

置賜三十三観音札所・朱印所情報

別当寺院の庫裏（授与所）以外で御朱印の授与を行う札所は以下の通り。
札所によっては、観音堂と授与所が離れている場合があるので注意が必要だ。

第1番	上小菅観音				
観音堂	米沢市広幡町上小菅 1396（朱印所まで約 400 m）	電話	なし	駐車場	なし
朱印所	我彦氏宅：米沢市広幡町上小菅 826-7	電話	0238-37-4717	駐車場	なし

第4番	中村観音				
観音堂	飯豊町中 1956-22（朱印所まで約 2.4km）	電話	なし	駐車場	あり
朱印所	長岡氏宅：飯豊町中 540	電話	0238-72-2652	駐車場	あり

第5番	九野本観音				
観音堂	長井市九野本 2047（朱印は第6番 時庭観音にて授与）	電話	なし	駐車場	あり
朱印所	時庭観音：長井市時庭 1428	電話	0238-84-2876	駐車場	あり

第9番	杉沢観音				
観音堂	白鷹町畔藤 164 付近	電話	なし	駐車場	なし
朱印所	橋本氏宅：白鷹町畔藤 662-1	電話	なし	駐車場	なし

第11番	萩生観音				
観音堂	飯豊町萩生 3171 付近（朱印は 21 番小野川観音にて授与）	電話	なし	駐車場	なし
朱印所	小野川観音：米沢市小野川町 2580	電話	0238-32-2929	駐車場	あり

第13番	関寺観音				
観音堂	白鷹町十王 3889（朱印は 27 番朱印所・相応院にて授与）	電話	なし	駐車場	あり
朱印所	相応院：白鷹町鮎貝 3547	電話	0238-85-4291	駐車場	あり

第15番	火の目観音				
観音堂	米沢市本町 1-4-24（朱印は第 14 番置霊観音にて授与）	電話	なし	駐車場	なし
朱印所	置霊観音：川西町上小松 2948	電話	0238-42-2666	駐車場	あり

第16番	鮎貝観音				
観音堂	白鷹町鮎貝 3446	電話	なし	駐車場	あり
朱印所	相応院：白鷹町鮎貝 3547	電話	0238-85-4291	駐車場	あり

第17番	芦沢観音				
観音堂	長井市芦沢 495（朱印所まで約 100m）	電話	なし	駐車場	なし
朱印所	竹田氏宅：長井市芦沢 478	電話	0238-88-1616	駐車場	なし

第20番	仏坂観音				
観音堂	白鷹町十王 24（朱印所まで約 2.3km）	電話	なし	駐車場	あり
朱印所	高学院：白鷹町滝野 333-2	電話	0238-85-3616	駐車場	なし

第22番	広野観音				
観音堂	白鷹町広野 2676	電話	なし	駐車場	あり
朱印所	新野氏宅：白鷹町広野 1556	電話	0238-85-1594	駐車場	なし

第27番	高岡観音				
観音堂	白鷹町高岡 2338（朱印所まで約 3.2km）	電話	なし	駐車場	なし
朱印所	相応院：白鷹町鮎貝 3547	電話	0238-85-4291	駐車場	あり

第30番	長谷観音				
観音堂	山中にて住所なし。（朱印所まで約 1.3km）	電話	なし	駐車場	あり
朱印所	宝積坊：南陽市宮内 3465-1	電話	0238-47-3069	駐車場	なし

第32番	森の観音				
観音堂	長井市森 736（朱印所まで約 100m）	電話	なし	駐車場	あり
朱印所	森地区公民館：長井市森 797-8（朱印は各自押印）	電話	なし	駐車場	あり

つや姫

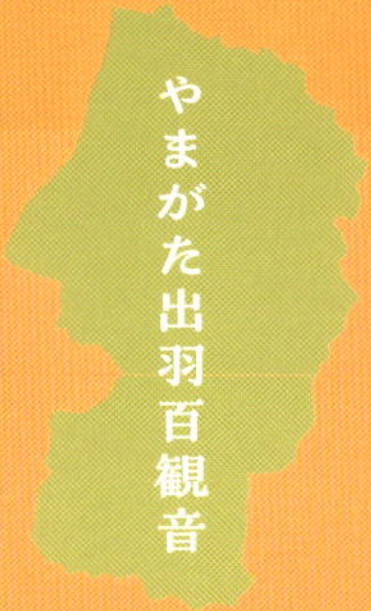

札所巡りとともに楽しみたい

スポット
Sightseeing Spot

温泉
Hotspring

グルメ
Gourmet

工芸品
Crafts

山形県には、多くの人を魅了するモノがたくさん。
その中から、やまがた出羽百観音の札所巡りとともに楽しみたい
観光スポット・温泉・伝統料理・伝統工芸品を厳選紹介。

札所巡りの際に立ち寄りたい

名所・観光スポット

最上

山寺・宝珠山立石寺

「山寺」の名で知られ、貞観2（860）年に慈覚大師により創建された。奥之院へは、1015段もある長い石段を登って参詣する。途中には国重文の根本中堂、パワースポットの弥陀洞などの史跡や絶景が広がるスポットがたくさんある。雄大な山々を背景に赤い納経堂が巨大な奇岩の上に建つ開山堂・納経堂は見応えがある。第2番山寺千寿院から車で2分の距離だ。

公式サイト https://rissyakuji.jp/

最上

小杉の大杉（トトロの木）

第33番庭月観音から車で10分の場所にあり、小杉の大杉という愛称で御神木として親しまれてきた天然杉。映画「となりのトトロ」のトトロに似ていることで有名になった。推定樹齢1000年、てっぺんの2本の枝がトトロの耳、地面へ広がっていく形が、トトロお腹のように見える。根元には山神様が祀られており、夫婦杉・縁結・子宝に御利益があるとされる。

住所 鮭川村大字曲川113-2

最上

上山城郷土資料館

第10番上の山観音から車で3分の上山城は、戦国期に、武衛義忠が築いたとされ、その後、最上氏の最南端の城塞として伊達氏・上杉氏との攻防の舞台となった。江戸時代・土岐氏の治政下で、城下町を含めた整備が成され、その壮麗な城郭は「羽州の名城」と称された。現在、城跡は市の史跡に指定。二の丸跡に3層の模擬天守が建立され、郷土資料館を併設する。

公式サイト https://kaminoyama-castle.info/

最上

山形城跡・霞城公園

山形城は、戦国大名・最上義光が築いた全国有数の規模を持つ輪郭式城郭だ。戦後は霞城公園として公開され、城門の二ノ丸東大手門、本丸一文字門大手橋などの復原により、往時の趣きが感じられる。敷地内には、義光の勇ましい騎馬像が立ち、公園内やその周囲には、山形市郷土館・山形県立博物館・最上義光歴史館などがある。上の山観音から車で30分の距離だ。

公式サイト

https://www.city.yamagata-yamagata.lg.jp/shisetsu/kurashi/1008161/1003675.html

庄内

羽黒山五重塔

全国有数の修験の山として知られる羽黒山・湯殿山・月山の出羽三山。第1番羽黒山正善院から車で5分の場所にある羽黒山五重塔は、その中の羽黒山参道・一の坂上り口の杉並木の中に建ち、東北地方では最古級とされる。また、創建は平将門との伝承もある。国宝に指定される現在の塔は、約600年前に再建されたもので、高さ29.0mの三間五層柿葺素木造だ。

公式サイト

http://www.dewasanzan.jp/publics/index/71/

庄内

三神合祭殿

月山・羽黒山・湯殿山の三神を祀る三神合祭殿は、羽黒山頂に建つ。月山は死後の安楽を祈る山、羽黒山は現世の幸せを祈る山、湯殿山は生まれ変わりを祈る山とされる。現在の本殿は中世の構造を残す貴重な茅葺木造建築で、厚さ2.1mの萱葺屋根や総漆塗の内部など見応えがある。羽黒山駐車場までは、正善院から車で3分、山頂までは約1時間程度をみておきたい。

公式サイト

http://www.dewasanzan.jp/publics/index/55/

庄内

湯殿山神社

修験道の霊地・湯殿山は、標高1504mの月山南西山腹に連なるなだらかな稜線の山。出羽三山の奥宮とされる湯殿山神社本宮は、写真撮影禁止。現在でも、履き物を脱ぎ、裸足になり、御祓いを受けてからでなければ参拝は許されない。同社には社殿がなく、ご神体は熱湯の湧き出る茶褐色の巨大な霊巌。第９番湯殿山大日坊から、車で27分の距離だ。

公式サイト http://www.dewasanzan.jp/publics/index/16/

札所巡りの際に立ち寄りたい

名所・観光スポット

置賜

米沢城址・松が岬公園

第19番笹野観音から車で11分、水堀が往時の米沢城を偲ばせる松が岬公園。戦国武将・上杉謙信や、米沢藩を再建した上杉鷹山など、上杉家の史跡が点在。謙信にあやかり開運招福・諸願成就の御利益があるとされる「上杉神社」や、上杉家の遺品を中心に多数の重要文化財を展示する「上杉神社稽照殿」など、歴史好きの人にとって魅力的なスポットが集中する。

公式サイト https://yonezawa.info/

置賜

熊野大社

和歌山県の熊野三山、長野県の熊野皇大神宮とともに日本三熊野の一つに数えられる熊野大社は、第18番新山観音から車で15分の場所に鎮座する。入口の大鳥居を潜り、参道を進み、46段の石段を登ると風格のある拝殿と本殿が現れる。本殿裏側の「三羽のうさぎ」の彫刻を全て見つけると願いが叶うという。縁結びで有名な山形県内有数のパワースポットだ。

公式サイト https://kumano-taisha.or.jp/

札所巡りの際に
泊まりたい・立ち寄りたい

温泉

最上

蔵王温泉

第９番松尾山観音から車で20分の蔵王温泉の特徴は、豊富な湯量と強酸性の硫黄泉。硫黄泉には殺菌や皮膚を強くする作用があり、美肌の湯とも称される。温泉街からは湯気が立ち上り、多くの旅館・ホテルが建ち並ぶが、名湯を気軽に楽しむなら3つの浴場を持つ蔵王温泉共同浴場だろう。それぞれが徒歩3分圏内という近さなので、湯めぐりするのにも便利だ。

公式サイト https://www.instagram.com/zao_onsen/?hl=ja

最上

銀山温泉

タイムスリップしたかのようなレトロな景色が広がる銀山温泉。銀山川の両岸に木造の温泉旅館が立ち並ぶ温泉街では、夕暮れになるとガス灯が点り、ノスタルジックな日本情緒が漂う。その情景は、映画「千と千尋の神隠し」の舞台のようだ。散策可能な範囲に、足湯・カフェ・おみやげ屋があり温泉街巡りも楽しい。第24番上ノ畑観音から車で11分の距離だ。

公式サイト https://www.ginzanonsen.jp/

最上

かみのやま温泉

東山温泉・湯野浜温泉とともに奥羽三楽郷と称される、かみのやま温泉は上ノ山観音から車で4分。上山藩の城下町の面影が残る新湯・湯町・十日町地区と、蔵王連峰を一望できる葉山・河崎・高松地区の2つの地区からなる。無色透明でさらりとした優しい泉質は、保温・保湿効果が高く、美人の湯ともいわれる。宿泊はもちろん、日帰りの共同浴場・足湯なども充実。

公式サイト https://kaminoyama-spa.com/

最上

赤倉温泉

第31番富沢観音からわずか徒歩4分の赤倉温泉。その開湯は1100余年の昔、諸国行脚の旅にあった慈覚大師が、村人たちが傷ついた馬を小国川の川湯で治しているのを見て、錫杖で岩を掘ったところ湯が噴出したと伝わる。泉質はナトリウム・カルシウム・硫酸塩温泉。湯から出ても、いつまでもぽかぽかと体が温かい。豊富な湯量が自慢で全館かけ流しだ。

公式サイト https://mogami-portal.net/

庄内

湯野浜温泉

開湯1000年という古い歴史を持ちながら、海岸沿いに近代的ホテル・旅館が建ち並ぶ山形県内有数の温泉リゾート・湯野浜温泉は、第25番明石山龍宮寺から車で5分と至近距離にある。目の前に広がる約1ｋｍの白浜海岸は、広大な砂浜が特徴で日本の夕陽百選にも選ばれた。日本海に沈む夕陽を眺めながらの露天風呂は、浜辺の温泉郷ならではの醍醐味だ。

公式サイト https://yunohama100.com/

最上

肘折温泉

第33番庭月観音から車で45分の場所にある肘折温泉は、昔懐かしい湯治場の雰囲気を残す。源泉かけ流しの上質な湯とともに素朴な町並みが魅力で、ハイカラな旧郵便局舎などの建物は、写真映えすること間違いなしだ。名物の朝市には、旬の山菜や野菜がずらり並ぶ。山奥にある同温泉は、全国屈指の豪雪地帯で、幻想雪回廊など冬のイベントを多数開催する。

公式サイト https://hijiori.jp/

庄内

湯田川温泉

金峯山の山懐に抱かれた情緒豊な温泉郷・湯田川温泉は、第26番大日山長福寺から車で1分と近い場所にある。同温泉は、国民保養温泉地に指定され古くから鶴岡の奥座敷と呼ばれている。竹林と梅林に囲まれた10軒ほどの旅館が建ち、多くの文人墨客に愛された閑静な温泉郷だ。春には梅林公園の梅が咲き、周囲の竹林からとれる孟宗汁や山菜料理が絶品。

公式サイト https://yunohama100.com/

置賜

小野川温泉

小野川観音から車でわずか3分の小野川温泉は、米沢の奥座敷と呼ばれ小野小町が発見し、戦国時代には伊達政宗が湯治したと伝えられている。泉質は含硫黄-ナトリウム・カルシウム-塩化物泉でPH6.9の中性。化粧水にも使用されているメタケイ酸を多く含む美肌の温泉だ。全国でも珍しい飲泉も可能な温泉で、浴用と飲用の相乗効果が期待される。

公式サイト https://onogawa.jp/

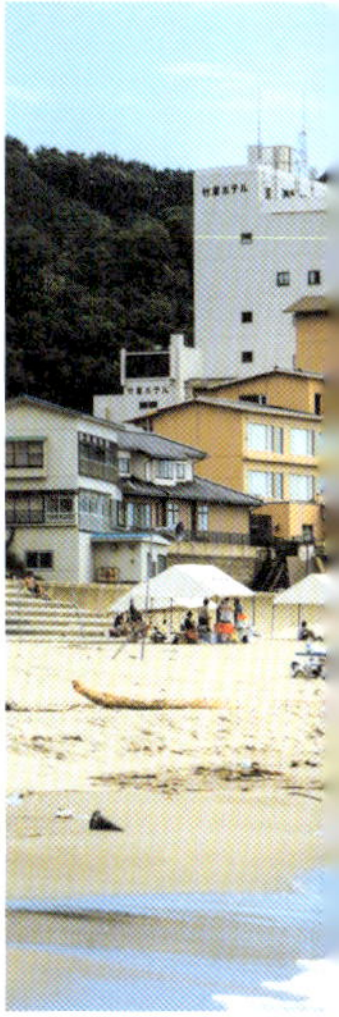

置賜

赤湯温泉

第12番赤湯聖観音から車で4分の赤湯温泉。上杉家の藩主も訪れた開湯930年の古い歴史をもつが、今では、6つのワイナリーがあるワインの町・赤湯辛味噌ラーメンで名を馳せるラーメンの町として知られ、街歩きも楽しめる温泉街だ。温泉街から徒歩で行ける烏帽子山公園は、山形県内でも1位・2位を争うほど人気の高いお花見スポットとして知られる。

公式サイト
https://nanyoshi-kanko.jp/search/result/1/0/8

札所巡りの際に賞味したい

山形の郷土の味

山形県民がこよなく愛する

芋煮

山形の秋の郷土食の代表といえば「芋煮」。さといも・ねぎ・きのこ・ごぼう・牛肉・豚肉など、山形の旬の具材がギッシリと入った秋の鍋だ。最上川舟運の終着港で、船頭たちが積荷で鍋をしたのが始まりとされ、各地域によって味付けや材料が異なる。庄内地方では豚肉で味噌味。置賜・村山地方では牛肉で醤油味。最上地方は豚肉で醤油味と土地柄が具材に現われる。

暑い季節にぴったりな

冷やしラーメン

山形県は、ラーメン消費量が日本一といわれているほど、全国屈指のラーメン激戦区だ。赤湯ラーメン・米沢ラーメン・酒田ラーメンなど数知れず、ラーメンを食べ比べに来るファンも多いとか。中でも「冷やしラーメン」は山形の有名なご当地麺。スープは醤油味が一般的で、たっぷりのスープに麺が絡み、ひんやり冷たく、さっぱりと爽快な味わいを楽しめる。

だし醤油がしみ込んだ

玉こんにゃく

「玉こん」の愛称で親しまれる山形県民のソウルフード。観光地・イベントなどで、串に刺しで販売され、こんにゃくに辛子をつけて食べる。始まりは山寺を開山した慈覚大師が、中国から持ち帰ったこんにゃくを寺の精進料理に使い、近隣住民に広まったことといわれる。寺の本殿へと続く1015段の階段を登る前に食べる「力こんにゃく」として人気がある。

春の山からの贈りもの

山菜

山形は、珍しいものも含め多種多様な種類が豊富に採れる山菜の宝庫として知られる。中でも、5月～7月に収穫最盛期を迎える「わらび」や、ほのかな苦味や香りが春の訪れを伝える食材として人気の「たらの芽」が有名。シーズンになると県内各地には観光わらび園がオープンし、多くの観光客で賑わう。山形県産のわらびは、ぬめりが強くて柔らかく絶品と評判だ。

極上の旨味

庄内おばこサワラ

日本海に面する山形県は、サケ・タラ・カキ・トラフグ・庄内北前ガニなど新鮮な海の幸に恵まれた土地。中でも日本一の鰆と評される「庄内おばこサワラ」は知る人ぞ知る逸品だ。鰆は温暖な海を好む回遊魚だが、庄内浜では9～11月、冬に向かい脂をたっぷり蓄えた鰆が、はえ縄漁で漁獲され、船上で活〆し、神経抜きをしたうえで一尾ずつ丁寧に市場に送られる。

宝石のように輝く

さくらんぼ

国内シェアでトップを占める山形県の「さくらんぼ」。中でも赤い宝石と称される「佐藤錦」は、ハリがありながら柔らかい食感が特徴。口に入れればプチッと弾け、食べ応えのある果肉の甘みが口の中いっぱいに広がる、一粒一粒がツヤツヤ輝く最高級品だ。さくらんぼ狩りは、6月上旬から7月中旬頃。品種により旬が異なるので、事前に農園に問い合わせること。

札所巡りの際に求めたい

山形の工芸品

最上

山形鋳物

平安後期、山形に来た鋳物職人が馬見ヶ崎川の砂が鋳物つくりに適していることからこの地に留まったのが始まりという。出羽三山参りの流行により、神仏具などが全国に知られるようになった。山形鋳物の魅力は「薄手で繊細・美しい肌」。主な製品は、茶の湯釜・香器・花器・鉄瓶などで、伝統を受け継ぐ鋳造家たちによって、デザイン性に富む作品を数多く展開する。

公式サイト https://www.chobundo.jp/

最上

天童将棋駒

古代インドを発祥とし、奈良時代に日本へ伝わったという将棋。本格的な駒づくりが始まったのは安土桃山時代の末期とされるが、天童で将棋駒づくりが始まったのは、将棋が庶民に定着した江戸後期。財政逼迫に苦しむ天童藩織田家が財政立て直しのために、藩士たちに奨励したことによるという。現在では、全国の生産量の大部分を占めるまでに発展した。

公式サイト https://yamagata-furusato-kougei.jp/special/03-1.html

庄内

羽越しな布

沖縄の芭蕉布・静岡の葛布とともに「三大古代織」に数えられる。現在は、関川しな織センターを中心に、地域住民が協力しながら生産を継続し、国の伝統的工芸品に指定される。関川のしな織は、梅雨時期にシナノキを伐採して皮を剥ぎ、夏〜秋に繊維を取り出し、雪が降り始めたら糸を作り、春までにしな布を織る。主な製品はバッグ・帽子などがある。

公式サイト https://yamagata-furusato-kougei.jp/detail/01-01.html